Microsoft

POWER
BI

Gráficos, Banco de
Dados e Configuração
de Relatórios

Microsoft POWER BI

Gráficos, Banco de Dados e Configuração de Relatórios

Adalberto Fraga
Professor e Consultor em Soluções de BI

ALTA BOOKS
E D I T O R A
Rio de Janeiro, 2019

Microsoft Power BI - Gráficos, Banco de Dados e Configuração de Relatórios
Copyright © 2019 da Starlin Alta Editora e Consultoria Eireli. ISBN: 978-85-508-0687-7

Todos os direitos estão reservados e protegidos por Lei. Nenhuma parte deste livro, sem autorização prévia por escrito da editora, poderá ser reproduzida ou transmitida. A violação dos Direitos Autorais é crime estabelecido na Lei nº 9.610/98 e com punição de acordo com o artigo 184 do Código Penal.

A editora não se responsabiliza pelo conteúdo da obra, formulada exclusivamente pelo(s) autor(es).

Marcas Registradas: Todos os termos mencionados e reconhecidos como Marca Registrada e/ou Comercial são de responsabilidade de seus proprietários. A editora informa não estar associada a nenhum produto e/ou fornecedor apresentado no livro.

Impresso no Brasil — 1ª Edição, 2019 — Edição revisada conforme o Acordo Ortográfico da Língua Portuguesa de 2009.

Publique seu livro com a Alta Books. Para mais informações envie um e-mail para autoria@altabooks.com.br

Obra disponível para venda corporativa e/ou personalizada. Para mais informações, fale com projetos@altabooks.com.br

Produção Editorial Editora Alta Books **Gerência Editorial** Anderson Vieira	**Produtor Editorial** Juliana de Oliveira Thiê Alves **Assistente Editorial** Ian Verçosa	**Marketing Editorial** marketing@altabooks.com.br **Editor de Aquisição** José Rugeri j.rugeri@altabooks.com.br	**Vendas Atacado e Varejo** Daniele Fonseca Viviane Paiva comercial@altabooks.com.br	**Ouvidoria** ouvidoria@altabooks.com.br
Equipe Editorial	Adriano Barros Bianca Teodoro Carolinne Oliveira Illysabelle Trajano	Kelry Oliveira Keyciane Botelho Larissa Lima Laryssa Gomes	Leandro Lacerda Livia Carvalho Maria de Lourdes Borges Paulo Gomes	Raquel Porto Thales Silva Thauan Gomes
Revisão Gramatical Luciano Gonçalves Priscila Gurgel	**Diagramação** Lucia Quaresma	**Capa** Thauan Gomes		

Erratas e arquivos de apoio: No site da editora relatamos, com a devida correção, qualquer erro encontrado em nossos livros, bem como disponibilizamos arquivos de apoio se aplicáveis à obra em questão.

Acesse o site www.altabooks.com.br e procure pelo título do livro desejado para ter acesso às erratas, aos arquivos de apoio e/ou a outros conteúdos aplicáveis à obra.

Suporte Técnico: A obra é comercializada na forma em que está, sem direito a suporte técnico ou orientação pessoal/exclusiva ao leitor.

A editora não se responsabiliza pela manutenção, atualização e idioma dos sites referidos pelos autores nesta obra.

Dados Internacionais de Catalogação na Publicação (CIP) de acordo com ISBD

F811m	Fraga, Adalberto Conceição
	Microsoft Power BI: Gráficos, Banco de Dados e Configuração de Relatórios / Adalberto Conceição Fraga. - Rio de Janeiro : Alta Books, 2019. 224 p. : il. ; 16cm x 23cm. — Inclui bibliografia e índice. ISBN: 978-85-508-0687-7 1. Banco de dados. 2. Microsoft Power BI. I. Título.
2019-1430	CDD 005.13 CDU 004.62

Elaborado por Vagner Rodolfo da Silva - CRB-8/9410

Rua Viúva Cláudio, 291 — Bairro Industrial do Jacaré
CEP: 20.970-031 — Rio de Janeiro (RJ)
Tels.: (21) 3278-8069 / 3278-8419
www.altabooks.com.br — altabooks@altabooks.com.br
www.facebook.com/altabooks — www.instagram.com/altabooks

OBJETIVO DO LIVRO

O objetivo do livro Microsoft Power BI é demonstrar as principais ferramentas disponíveis para criação de gráficos de dados inteligentes, eficientes e dinâmicos, utilizando as ferramentas do Microsoft Power BI, que comporta um grande conjunto de instrumentos de análise de dados.

Este livro é direcionado para estudantes e profissionais dos mais diversos níveis estratégicos de uma organização, que necessitam analisar grande quantidade de dados para trabalhar a tomada de decisão. Para ajudá-los a desenvolver e analisar relatórios gerenciais com a criação de Dashboards automáticos e personalizados, para aprofundar e extrair mais informações, o livro apresenta as várias ferramentas disponíveis no programa de análise de dados (Business Intelligence) que auxiliam na criação desses relatórios, tornando-os indispensáveis para o dia a dia desses profissionais.

A experiência de instrutor adquirida em vários anos em sala de aula, com as situações apresentadas pelos alunos das mais diversas áreas, formara a base para o desenvolvimento desse livro, tornando-o uma valiosa ferramenta para criação e utilização das ferramentas do Excel 2016 na construção dos Dashboards.

Dessa forma, o livro tem por objetivo apresentar ao leitor conhecimento teórico e prático sobre a ferramenta de análise de dados Power BI da Microsoft, possibilitando ao leitor o desenvolvimento de relatórios, transformando os dados em informação e, consequentemente, conhecimento para as mais diversas áreas de negócios das empresas.

INFORMAÇÃO SOBRE LIVRO

As imagens deste livro estão disponibilizadas no site da editora para uma melhor visualização (www.altabooks.com.br — procure pelo título do livro ou ISBN.)

SOBRE O AUTOR

Adalberto Conceição Fraga é instrutor de informática e há oito anos vem ministrando treinamentos de vários aplicativos da Microsoft, como Excel, Project, Acess, Word, Vision, entre outros. Especializou-se principalmente no Excel, ferramenta em que se tornou um estudioso explorador das novidades lançadas em cada versão. Formado em Gestão de Recursos Humanos e Pós-Graduado em Gestão da Informação (Business Intelligence). Atualmente é consultor de BI e desenvolve diversos projetos em Excel e Power BI para grandes instituições de São Paulo.

DEDICATÓRIA

Dedico este trabalho a todos os meus familiares, amigos e alunos que de alguma forma contribuíram na minha jornada.

AGRADECIMENTOS

Agradeço primeiramente a DEUS pela força e sabedoria que me proporcionou no desenvolvimento deste livro.

A minha mãe Maria Ana da Conceição pelo amor, paciência e apoio em todos os momentos.

Aos meus colegas de trabalho e a CM que muito me ajudaram e incentivaram nessa caminhada.

A editora Alta Books pela oportunidade e confiança depositadas no meu trabalho.

SUMÁRIO

Objetivo do Livro	v
Introdução	1
Capítulo 1: Conceito de Banco de Dados	3
1.1. Conceito de Dados	3
1.2. Banco de Dados	4
1.3. Sistemas de Gerenciamento de Banco de Dados	5
1.3.1. Modelagem de Dados	6
1.4. Conclusão	7
Exercícios	7
Capítulo 2: Transformação de Dados e Informação em Conhecimento	9
2.1. Conceito de Informação	9
2.2. Definição de Dashboard	11
2.3. Conclusão	11
Exercícios	12
Capítulo 3: Conceito e Aplicação de Business Intelligence, Data Warehouse e Data Mart	13
3.1. Business Intelligence	13
3.2. Data Warehouse	15
3.3. Data Mart	16
3.4. ETL	16
3.5 OLAP	16
3.6. Big Data	17
3.7. Conclusão	18
Exercícios	18

Capítulo 4: Microsoft Power BI — 19
    4.1. Definição do MS Power BI — 19
    4.2. Instalação e Configuração do MS Power BI — 20
        4.2.1. Power BI Pro — 20
        4.2.2. Power BI Premium — 20
        4.2.3. Power BI Desktop — 20
    4.3. Interface do MS Power BI — 24
    4.4. Guias — 24
    4.5. Importação de Dados para o Power BI — 33
    4.6. Conclusão — 45
    Exercícios — 45

Capítulo 5: Gráficos Disponíveis no Power BI — 49
    5.1. Criando um Gráfico no Power BI — 49
    5.2. Gráfico Circular (Pizza) e Anel — 52
    5.3. Gráficos de Barras e Colunas Empilhadas — 61
    5.4. Gráfico de Barras e Colunas 100% Empilhadas — 75
    5.5. Gráfico de Barras e Colunas Agrupadas — 76
    5.6. Gráfico de Dispersão — 79
    5.7. Gráfico de Funil — 86
    5.8. Gráfico Treemap — 88
    5.9. Gráfico de Cascata — 88
    5.10. Gráfico de Linhas — 89
    5.11. Gráficos de Linhas e Colunas Empilhadas e Agrupadas — 91
    5.12. Gráfico do Friso — 94
    5.13. Gráfico de Área e Área Empilhada — 95
    5.14. Gráfico de Mapa e Mapas de Mancha — 98
    5.15. Gráfico de Medidor — 104
    5.16. KPI — 106
    5.17. Cartão e Cartão de linhas múltiplas — 109
    5.18. Tabela — 111
    5.19. Matriz — 117
    5.20. Drill Down e Drill Up utilizando Matriz — 119
    5.21. R Script — 122
    5.22. Mapas ArcGIS — 123
    5.23. Ferramenta Faça uma Pergunta — 125

5.24. Conclusão	127
Exercícios	127

Capítulo 6: Filtros de Mineração de Dados e Segmentação de Dados — 129

6.1. Adicionar Filtros aos Gráficos	129
6.2. Segmentação de Dados	135
6.3. Conclusão	138
Exercícios	138

Capítulo 7: Criando o Seu Primeiro Dashboard — 139

7.1. Conclusão	149
Exercícios	150

Capítulo 8: Configurando o relatório do Power BI para Smartphone — 151

8.1. Conclusão	154
Exercícios	154

Capítulo 9: Expressões DAX — 155

9.1. Conclusão	162
Exercícios	162

Capítulo 10: Relacionamento de Dados — 163

10.1. Conclusão	186
Exercícios	187

Capítulo 11: Publicação e Visualização do Dashboard — 189

11.1. Publicação Power BI Web gratuita	189
11.2. Publicação do Relatório no Formato do PowerPoint e PDF	197
11.3. Publicação Power BI Pro	199
11.4. Conclusão	204
Exercícios	204

Referência	205
Índice	207

INTRODUÇÃO

Atualmente estamos vivendo em um mundo coberto de dados e informações, aqueles que conseguirem transformar esses dados e informações em conhecimento terão grande poder para tomada de decisão e, consequentemente, terão mais sucesso nas suas ações a serem realizadas.

A velocidade e a precisão em que precisamos coletar e transformar os dados tornou-se algo de muita importância ao longo dos anos, e isso me faz lembrar de um personagem muito relevante na história do computador: Herman Holerite, funcionário do governo americano no United States Census Bureau, que desenvolveu em 1880 uma máquina que podia realizar a tabulação de forma mais otimizada dos dados coletados do Censo Americano. Na época, demorava-se oito anos para que os dados fossem tabulados por completo, ou seja, as informações coletadas daqueles dados já não refletiam o que estava acontecendo na sociedade americana e, quando eles terminavam de fazer esse relatório, já era o período de se realizar novamente outro Censo.

Nos tempos atuais, empresas, governos, instituições de pesquisas etc. perceberam que investir em pessoal e processos para análise de dados tornou-se algo indispensável atualmente, tanto é que uma das profissões que vem em alta nos últimos anos é a de Cientista de Dados, a qual foi criada justamente para formar um profissional que reúna todas as características para o desenvolvimento e análise de dados. As análises baseadas nas informações geradas pelos dados é o que, na maioria das vezes, norteia a direção que os setores, projetos e as empresas devem seguir, não mais tomando decisões na base do "achismo" ou no "feeling" de algum profissional.

Em virtude dessa grande demanda por tratar os dados e transformá-los em informações, surgiram vários processos e termos nesse meio, como, por exemplo.,Business Intelligence Date Warehouse, Date Mart, Big Data, entre outros que conheceremos ao longo deste livro, como também diversos programas que auxiliam os profissionais a desenvolver esses relatórios com grande facilidade e em curto espaço de tempo. Dentre os programas que mais se destacam por proporcional agilidade, uma interface amigável para com o usuário e um autodesempenho de relacionamento dos dados está o Power BI, sobre o qual este livro abordará suas principais ferramentas e demonstrará na prática como utilizar de forma adequada os recursos disponíveis, tornando-o um grande aliado no desenvolvimento de diversos tipos de relatórios gerenciais.

CAPÍTULO 1

CONCEITO DE BANCO DE DADOS

Este capítulo abordará o conceito de dados, bem como o que podemos definir e onde colher esses dados, além dos meios utilizados para a transformação dos mesmos em informações e, posteriormente, em conhecimento.

1.1. CONCEITO DE DADOS

Antes de começarmos a trabalhar com as ferramentas de relatórios de dados do Microsoft Power BI, precisamos entender de fato o que é considerado um "dado" e como esses dados precisam estar dispostos em sua coleta para que possamos manipulá-los de maneira adequada para a criação dos relatórios. Essa é uma parte em que devemos ter uma atenção mais apurada, pois se os dados que serão utilizados para a confecção dos relatórios estiverem inconsistentes, os relatórios que forem criados a partir deles não terão os resultados confiáveis, além de algumas ferramentas não retornarem o desejado.

Segundo a Wikipédia, dados são "...um conjunto de valores ou ocorrências em um estado bruto com o qual são obtidas informações com o objetivo de adquirir benefícios. Existem dois tipos de dados: estruturados e não estruturados". Com essa definição podemos concluir que uma base de dados, independentemente do ambiente em que foi coletada, não nos adianta de nada se ela não for tratada para que, assim, vire informação que possa ajudar.

Os dados estruturados, que são dados formatados, organizados em tabelas — linhas e colunas — e são facilmente processados, geralmente são utilizados através de um sistema gerenciador de banco de dados para armazenamento, um exemplo são os dados gerados por aplicações empresariais.

Definimos Base de Dados como uma estrutura retangular formada por linhas (registros) e colunas (campos), onde as colunas têm os campos identificados e as linhas contêm os registros referentes a esses campos, não admitindo registros e campos em branco.

Na Figura 1.1 podemos visualizar uma base de dados estruturada.

FIGURA 1.1 – BASE DE DADOS NO BLOCO DE NOTAS

Código	Nome	Telefone	Celular	Cidade	Estado
01	Luana Souza	5555-4444	97777-9999	São Paulo	SP
02	Carlos Marins	5522-2222	98888-0000	Recife	PE
03	Marcelo Oliveira	4422-1111	93333-7777	Porto Alegre	RS
04	Daniela Dias	3232-3333	91111-5555	São Paulo	SP

Os dados não estruturados não possuem uma formatação específica e são mais difíceis de ser processados. Por exemplo, mensagens de e-mail, imagens, documentos de texto, mensagens em redes sociais.

Há várias formas de realizarmos coletas de informações, desde uma simples prancheta em que um pesquisador vai anotando as amostras de dados, até os sistemas de informação que armazenam milhões de dados.

1.2. BANCO DE DADOS

No subcapítulo anterior vimos o conceito de dados e como ele está presente no nosso dia a dia. Ao realizarmos anotações de um número de celular, de endereço de e-mail, ou até mesmo ao responder uma pesquisa na rua, já estamos gerando dados. Porém, muitas vezes escolhemos fazer as "anotações" desses dados em algum lugar específico de acordo com a característica de cada informação. Justamente para que se tornem dados estruturados, a esse lugar em específico damos o nome de Banco de Dados.

Para melhor explicar o conceito de Banco de Dados, podemos tomar como exemplo uma situação anterior à febre dos smartphones, — e até hoje em dia podemos dizer que fazemos isso —, anotamos os números de telefone em uma agenda telefônica, e toda vez que necessitamos ligar para uma pessoa, consultamos a agenda para verificar o número de telefone anotado, ou seja, podemos classificar isso como um Banco de Dados. Dessa forma, o livro de receitas da sua mãe ou a agenda escolar do seu filho são considerados Banco de Dados.

FIGURA 1.2 – DESENHO DE UM CADERNO DE RECEITAS

Fonte: https://br.freepik.com/search?dates=any&format=search&page=1&query=notebook%20and%20pencil&sort=popular&type=icon (notebook-and-pencil.eps) - Editada

Dessa forma podemos definir que Banco de Dados nada mais é do que uma série de registros de mesmo seguimento, armazenados em uma mesma localidade de acordo um padrão pré-estabelecido.

Trazendo para área de TI (Tecnologia da Informação), os Bancos de Dados estão presentes em tudo, desde sua utilização de forma mais simples, como o armazenamento dos dados de nossos contatos nos smartphones, até o armazenamento de todas as informações de uma empresa através dos Sistemas de ERPs, que abordaremos no próximo capítulo.

1.3. SISTEMAS DE GERENCIAMENTO DE BANCO DE DADOS

Um Banco de Dados informatizado apresenta várias características dos exemplos simplórios apresentados no capítulo anterior, como, por exemplo, a entrada de dados, alteração, consulta, dentre outras. Não aprofundaremos esse assunto pois não é o objetivo deste livro, porém, para que um banco de dados possa ter todas as suas funcionalidades trabalhando em harmonia com as aplicações ao qual é destinado, utiliza-se um Sistema Gerenciador de Banco de Dados, que nada mais é do que uma ponte entre o Programa e o Banco de Dados.

Com a utilização de um Sistema de Gerenciamento de Banco de Dados o acesso às informações pelo aplicativo fica todo a critério dele, deixando a aplicação mais leve e garantindo, com maior confiabilidade, as características essenciais de gerenciamento, como: integridade, consistência, segurança, restauração, controle de redundância.

Podemos citar como exemplos de Sistemas de Gerenciamento de Banco de Dados, os dois mais utilizados pelos desenvolvedores que são MySQL e o SQLServer, o primeiro sendo uma plataforma gratuita e o segundo, uma paga distribuída pela Microsoft.

FIGURA 1.3 – IMAGEM SQL

OBSERVAÇÃO

É importante destacar que a linguagem utilizada pelos sistemas de Gerenciamento de Banco de Dados é a SQL (Structured Query Language), que significa Linguagem Estruturada de Pesquisa, padronizada já há algum tempo, mas que pode ser encontrada com pequenas alterações em cada tipo de gerenciador.

1.3.1. MODELAGEM DE DADOS

A modelagem de dados tem um papel importantíssimo no desenvolvimento dos Sistemas e posteriormente para análise dos dados em Data Warehouse. Na modelagem de dados conseguimos obter as características que desejamos aplicar no funcionamento do software, sendo de fácil entendimento no seu desenvolvimento e, consequentemente, no seu desempenho e funcionalidade.

Apesar das evoluções de técnicas de modelagem, ainda hoje destacamos três grandes grupos:

1. **Modelos conceituais de dados:** os modelos conceituais são usados para explorar estruturas e conceitos de negócio estático e são representados através de diagramas de blocos, permitindo a visualização das relações das entidades;

2. **Modelos Lógicos de Dados:** nos modelos lógicos, podemos definir no escopo do projeto os tipos de tabelas que se relacionam através das chaves primárias e outros componentes.

3. **Modelos Físicos de Dados:** esses tipos de modelos são muito úteis e encontramos nos projetos tradicionais, por serem na maioria das vezes rápidos de se aplicar. Nesse modelo incluímos análises de características de armazenamento e manipulação dos dados, onde são executados comandos da linguagem SQL, para criação das estruturas do banco de dados.

1.4. CONCLUSÃO

A abordagem dos conceitos apresentados neste capítulo faz-se necessária para que tenhamos uma base do funcionamento da estrutura de um Banco de Dados. Esses temas são importantes para que você possa entender como os dados são manipulados e pensados, até que se possa ter um histórico deles e, consequentemente, analisá-los através de softwares como Power BI. Porém, este livro tem como maior objetivo fornecer o conhecimento sobre as ferramentas do Power BI, caso o leitor queira se aprofundar nos demais temas apresentados, procure outros materiais especializados e com o foco maior nos respectivos assuntos.

 **Exercícios**

1. Defina: o que é um dado?
2. Como é formado um Banco de Dados?
3. Qual a linguagem utilizada por SGBD?
4. Quais as características essenciais para a confiabilidade de um gerenciamento de Banco de Dados?
5. Qual a importância de um modelo de dados?

CAPÍTULO 2

TRANSFORMAÇÃO DE DADOS E INFORMAÇÃO EM CONHECIMENTO

Este capítulo apresenta os conceitos de informação e conhecimento e as ferramentas disponíveis para conseguirmos, através deles, alcançar nossos objetivos para a melhor tomada de decisão.

FIGURA 2.1

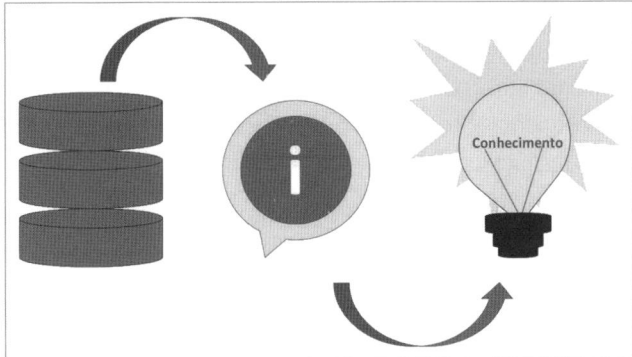

2.1. CONCEITO DE INFORMAÇÃO

Segundo o Dicionário Aurélio, Informação é avisar, dar parecer sobre. Atualmente não só no mundo corporativo, mas em todos os aspectos, ser bem informado é algo que está presente no nosso cotidiano e que estamos em busca a todo momento. Se para nós isso virou uma necessidade diária, imagine para empresas que a todo momento necessitam das informações para que possam ter um norte para suas diretrizes, seja para o lançamento de um novo produto que atenda e satisfaça às necessidades dos clientes, até mesmo os níveis de assiduidade e rotatividade de pessoal em um departamento dentro da empresa, que podem estar prejudicando o desenvolvimento do setor.

Hoje em dia as empresas que conseguem estar a frente com a coleta de informações, mesmo que seja pouca coisa, têm uma vantagem significativa em relação ao seu concorrente.

Pegando esse gancho, o aprendizado tem assumido grande relevância nos últimos anos, por ressaltar o valor do Conhecimento de seu objeto de estudo, a Informação, como o capital de vantagem competitiva para as empresas. Podemos enfatizar que capital e trabalho são pilares para o desenvolvimento e já não comandam as transformações sociais, papel que está sendo cada vez mais assumido pelo Conhecimento e seu principal objeto de estudo: a Informação.

Atualmente as informações passaram a ser uma grande fonte de vantagem competitiva para as empresas e vieram a ser muito relevantes para a construção de planejamento estratégico. Pois é através da informação que as empresas identificam, de forma antecipada, prováveis ações de seus concorrentes, possibilitando inserir novos serviços e produtos, e permitindo atuar em novos setores. Nesse contexto, podemos concluir que ações serão tomadas de acordo com a rapidez que a informação chegar às organizações de forma eficiente, mais energias poderão ser empregadas e aproveitadas nas oportunidades que virão a surgir.

A inteligência aplicada a competitividade surge nesse cenário, em que sua aptidão de gerar material em períodos mais curtos do que o normalmente associado aos métodos tradicionais de análise e planejamento estratégico possibilita decisão assertiva, pontual e embasada no que de fato está acontecendo no mercado atuante da organização, além de destacar oportunidades antes não exploradas.

Somente os dados em si tratam de um conjunto de situações distintas e objetivas, referentes ao cenário. Apenas relatam uma ponta da realidade, não apresentam significado a sua essência sem fornecer uma decisão, interpretação ou qualquer base sustentável para uma tomada de decisão. Eles são facilmente estruturados, frequentemente quantificados e de fácil aquisição por máquinas. Exemplos: tabelas, gráficos e imagens. É a matéria-prima a ser utilizada na produção de informações.

Podemos concluir que a Informação é a soma dos dados que passaram por um processamento e transformação. Muitas vezes através de uma mensagem, na forma de documento ou comunicação visível que auxiliem na interpretação dos dados, assim sendo, uma estrutura organizada. Como em um processo de comunicação faz-se uso de um emissor e um receptor, sua finalidade é a de apresentar outra visão ao destinatário, estabelecendo algum impacto sobre sua decisão e comportamento. Deve-se também gerar hipóteses, sugerir soluções, justificativas de sugestões, críticas de argumentos. Tem significado, relevância e propósito, sendo associado ao seu valor e utilidade apresentada. Abordaremos mais à frente o procedimento de transformação, utilizando o software aqui destacado, mas envolvendo a aplicação de procedimentos que incluem a formatação, tradução, fusão, impressão e assim por diante. A maior parte desse processo pode ser feito automaticamente.

Nesse contexto, o conhecimento vem a ser um grupo de informações avaliadas quanto a sua confiabilidade e relevância, e assimiladas pelo indivíduo ou pela organização, integrando-se ao seu saber anterior e construindo um quadro da situação. Modifica-se pela constante integração de informações e mudanças, sendo uma mistura fluída de experiência adquirida, valores, informação contextual e insights oriundos da experiência, provendo um quadro de referência para avaliação e incorporação de novas experiências e informações. A informação e o conhecimento são definidos como instâncias distintas, com níveis de hierarquia próprios na produção de inteligência: não se chega à inteligência pelo acesso passivo à informação, sendo criada por meio de um processo de síntese, de construção voluntária e ativa de agregação de valor às informações assimiladas e analisadas.

2.2. DEFINIÇÃO DE DASHBOARD

O termo Dashboard significa painel de indicadores em português, é uma excelente forma de exibir e analisar informações de maneira rápida e eficiente para diferentes níveis hierárquicos de uma empresa. Eles podem ser criados por diversos tipos de programas específicos, porém a maioria deles é cara e as empresas não estão dispostas a investir dinheiro na aquisição dos mesmos, o Power BI disponibiliza várias ferramentas que, em conjunto, são ótimas para a criação e automatização desses painéis.

O Dashboard não tem a função de procurar os detalhes de toda a base de dados, mas sim reduzir os dados para que se possa retirar as informações necessárias para a compreensão e análise, para que assim os profissionais possam tomar as decisões de forma mais assertiva.

Nem sempre todos os dados de uma base serão aproveitados, pois a informação que você necessita gerar não precisa deles. Por isso a eliminação de alguns campos na importação de uma base de dados faz-se necessária e este livro também abordará esse processo de manipulação e transformação dos dados.

2.3. CONCLUSÃO

A necessidade de as empresas estarem cada vez mais informadas dos acontecimentos tanto do mercado, como também estar por dentro do que acontece internamente, hoje em dia, é uma poderosa arma para definir suas estratégias de curto a longo prazo. Esse processo já não pode mais ser ignorado, independentemente do tamanho da organização. Transformar as informações coletadas dos dados em conhecimento estratégico é um caminho sem volta para toda organização que quer se manter competitiva no mercado atual.

Exercícios

1. Qual a importância da informação para as empresas nos tempos de hoje?
2. Qual o contexto do conhecimento no mundo corporativo e sua importância?
3. Quais as principais matérias-primas utilizadas na produção de informação?
4. O que é um Dashboard?
5. Qual a função de um Dashboard?

Capítulo 3

CONCEITO E APLICAÇÃO DE BUSINESS INTELLIGENCE, DATA WAREHOUSE E DATA MART

Neste capítulo abordaremos o surgimento dos conceitos mais utilizados no Business Intelligence, bem como suas aplicações para o melhor desenvolvimento das ferramentas de acordo com cada situação.

3.1. BUSINESS INTELLIGENCE

A expressão Business intelligence (BI), que em português podemos traduzir para inteligência empresarial, é o método que propicia através do tratamento das informações o apoio a gestão de um negócio.

O termo Business Intelligence foi criado pelo Grupo Gartner no início dos anos 1990 e inclui arquiteturas, ferramentas, bancos de dados, aplicações e métodos de análises. É um termo que pode ser considerado atual, mas, com certeza, não é um conceito novo. O processo estabelecido nesse conceito é simples: fazer uso de informações já disponíveis nas organizações para ajudar os responsáveis pelas tomadas de decisões a adotar as melhores práticas e de forma mais ágil.

Podemos definir o processo de BI em três regras principais: a primeira é permitir o acesso interativo aos dados, a segunda é proporcionar a manipulação desses dados e, a terceira, fornecer aos gestores a capacidade de realizar a análise adequada. Após analisar os dados, situações e desempenhos históricos e atuais, os gestores (tomadores de decisão) conseguem uma melhor compreensão dos dados, transformando-os em informações que, consequentemente, transformam-se em conhecimento, que podem servir como base para melhores decisões e com mais assertividade, não sendo baseadas somente no "feeling" de seus tomadores de decisão. No contexto geral, podemos definir que o BI está baseado na transformação de dados em informações que, por sua vez, geram conhecimento nas mãos de profissionais de negócios ou de diversas áreas ao qual é aplicado.

Um dos maiores benefícios da aplicação do processo de BI para uma empresa é o de fornecer as informações precisas quando necessário, incluindo uma visão em tempo real do desempenho corporativo através de seus relatórios gráficos e interativos. Essas informações são necessárias para todos os tipos de decisões, principalmente para o planejamento estratégico.

É possível destacar os benefícios, que envolvem: economia de tempo, versão única da verdade, melhores estratégias e planos, melhores decisões táticas, processos mais eficientes e economia de custos. As aplicações de BI visam diminuir a diferença entre o desempenho atual de uma organização e o desempenho desejado, expresso em sua missão, objetivos, metas e a estratégia para atingi-los.

É importante salientar que o sistema de BI possui quatro elementos para sua implantação:

1. Data warehouse (DW), banco ou repositório de dados especiais preparado para dar suporte à aplicações de tomada de decisão;

2. Análise de negócios, corresponde a uma série de ferramentas para manipular e analisar os dados no DW, incluindo processamento analítico, multidimensionalidade, mineração de dados e técnicas de análise avançada;

3. Gestão de informação/desempenho do negócio, para monitoria e comparação do desempenho da corporação às metas estabelecidas;

4. Possibilitar a Interface com o usuário.

Existem algumas áreas onde a aplicação do BI se destaca, como na geração de relatórios gerais, análise de vendas e marketing, planejamento e previsão, consolidação financeira, relatórios de desempenho, orçamento e análise de rentabilidade, porém o conceito e sua estrutura são aplicáveis em qualquer área, partindo sempre de suas particularidades.

O Data Warehouse é uma ferramenta que surgiu com esse propósito de transformar dados históricos em conhecimento estratégico e é um dos objetivos da TI (Tecnologia da Informação) nas organizações, trazendo a ideia de centralização das informações, visualização multidimensional dos dados e descoberta de padrões de comportamento para dar aos administradores maior agilidade na tomada de decisões.

3.2. DATA WAREHOUSE

Quando traduzimos o termo Data Warehouse ao pé da letra, encontraremos "Armazém de Dados" que retrata a tradução real do seu significado, porém, muitas pessoas ainda confundem o funcionamento de um Data Warehouse com o de um Banco de Dados, mas são ferramentas que apesar de possuírem características similares, são totalmente diferentes no seu uso e aplicação.

Como vimos nos capítulos anteriores, no conceito de Banco de Dados, os SGBDs permitem que os dados sejam inseridos, editados, excluídos entre outras ações que são relevantes para o trabalho com diversos softwares.

No caso de um Data Warehouse, a forma com que manipulamos os dados e sua utilização é diferente da anterior, o Data Warehouse tem o objetivo de consulta e manipulação dos dados somente como leitura, com intuito de conseguir informações preciosas para tomada de decisão.

O Data Warehouse armazena os dados de uma empresa, retirados dos sistemas utilizados por elas, de todos os departamentos e relacionando-os, contendo grandes volumes de dados, permitindo a criação de filtros e gráficos detalhistas de modo a encontrar uma relação pertinente e extrair uma possível informação que possa ser explorada, trazendo uma vantagem competitiva para a organização.

Na Figura 3, podemos observar como se organiza o diagrama de funcionamento de todo o processo do Data Warehouse, onde temos os dados extraídos dos sistemas de vários departamentos através de um ETL (Extraction Transformation Loading) em português Extração, Transformação e Carregamento de dados, a sua armazenagem em um Data Warehouse e sua análise e confecção dos Relatórios e Dadshboards para tomada de decisão.

FIGURA 3 – MODELO DE UM DATA WAREHOUSE

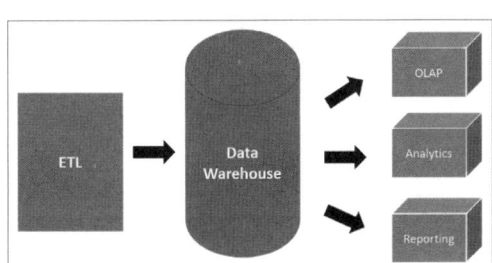

As empresas que aplicam esse conceito podem se beneficiar de várias formas, principalmente nas melhorias de processos, tomadas de decisões com base em informações e fatos concretos, diminuição de riscos, aproveitamento maior dos recursos e diminuição de desperdícios e definição das melhores estratégias para o presente e futuro, dentre outros.

3.3. DATA MART

Os Data Marts, ao contrário dos Data Warehouse, são pequenas partes divididas, que armazenam subconjuntos de dados. Dessa forma podemos definir que um Data Mart é uma subdivisão de um Data Warehouse.

O objetivo do Data Mart é direcionar o subconjunto de dados para um setor específico de negócios ou equipe de trabalho, possibilitando aplicar e extrair as informações pertencentes a um único departamento, tendo os seus esforços direcionados.

3.4. ETL

A Sigla ETL em inglês significa Extract, Transform and Load, podemos traduzir em Extrair, Transformar e Carregar Dados.

Antes de você iniciar a confecção dos seus relatórios de Dashboards, primeiro é necessário fazer o tratamento de dados que importamos de um Data Warehouse, ou seja, é necessário que tenha uma "ponte" entre os dados na sua forma bruta e o que você necessitará para trabalhar em um programa de análise de dados, no nosso caso o Power BI.

Existem muitos programas que fazem esse papel, entre os mais conhecidos temos o Power Query da própria Microsoft que faz a interação com o Power BI.

No Power Query é possível procurar fonte de dados, realizar as conexões e tratamento dos dados de acordo com a necessidade do momento.

Não abordaremos esse software neste livro, apesar de também ser um tema que vai ao encontro dos assuntos tratados, o livro tem por maior objetivo focar no ensinamento das ferramentas do Power BI e os recursos disponíveis para elaboração dos relatórios interativos.

3.5 OLAP

A OLAP (Online Analytical Processing — Processo Analítico em Tempo Real) é uma ferramenta que possibilita manipular e analisar grandes volumes de dados, sob um olhar de várias perspectivas diferentes, é uma das ferramentas mais usadas para a exploração de um Data Warehouse.

A aplicação dessa ferramenta é usada pelos tomadores de decisão de qualquer área e nível gerencial, disponibilizando informações e ajudando na decisão final. O uso da OLAP pode ser aplicado em funções muito distintas, algumas das mais utilizadas variam desde setores financeiros (contabilidade, análises de fluxos de caixa, contas a pagar, orçamentos etc.), passando pelo marketing (público-alvo, análise de mercado, comportamento do produto), concluindo nas vendas (avaliação de regiões mais propensas ao produto, previsões de vendas, clientes com maior volume de compra), entre outros departamentos que podem fazer uso dessa ferramenta.

3.6. BIG DATA

O termo Big Data vem sendo muito mencionado nos últimos tempos e principalmente por estarmos vivendo há um bom tempo na era da informação. Dessa forma, chama a atenção pela acelerada escala em que volumes cada vez maiores de dados são criados pela sociedade. Em um tempo não muito distante, falamos na geração de dados em escala de Megabytes, hoje estamos falando frequentemente em Petabytes de dados gerados a cada dia e Zetabytes começa a ser uma escala atual e não mais de filmes de ficção científica. O que há uma década era o futuro, hoje já é tão real que utilizamos no nosso dia a dia.

Atualmente as tecnologias que sustentam Big Data podem ser consideradas sobre dois olhares: as envolvidas com análise de dados, como é o caso do Power BI, e as tecnologias de infraestrutura, que armazenam e processam os Petabytes de dados. Nesse aspecto, destacam-se os bancos de dados NoSQL (No, significa not only SQL). Podemos definir que hoje a tecnologia de Big Data é a simples comprovação prática de um imenso volume de dados gerados e armazenados a cada dia, utilizados por outras tecnologias para a sua análise em busca de informações preciosas.

É possível definir o contexto do Big Data em cinco palavras: volume de dados, variedade, velocidade, integridade e valor.

1. Volume: geração de grandes volumes em petabytes de dados a cada dia;
2. Variedade: dados que vêm de sistemas estruturados e não estruturados, gerados por e-mails, mídias sociais (Facebook, Twitter, YouTube e outros);
3. Velocidade: permite acessar em tempo real a sua grande quantidade de dados;
4. Integridade: permite apresentar com certeza a veracidade desses dados, garantindo sua autenticidade;
5. Valor: projetos de Big Data obtêm retorno desses investimentos.

É possível trazer vários exemplos no qual esse contexto se aplica, como em uma corretora de seguros, onde a análise de fraudes poderia ser imensamente melhorada, minimizando-se os riscos, utilizando-se, por exemplo, de análise de dados que estão fora das bases estruturadas das seguradoras, como os dados que estão circulando diariamente nas mídias sociais.

Justamente para se garantir a viabilidade desses quatro termos do Big Data, é necessário tratar dados em escala de volume, variedade e velocidade do Big Data com o uso de software de banco de dados NoSQL, desenhados para tratar imensos volumes de dados estruturados e não estruturados. Existem diversos modelos como sistemas colunares como o Big Table, usado internamente pelo Google (é a base de dados sob o Google App Engine), o modelo Key/value como DynamoDB da Amazon, o modelo "document database", baseado no conceito proposto pelo Lotus Notes da IBM e aplicado em software como MongoDB, e o modelo baseado em grafos como o Neo4j.

Outra ferramenta que veio a agregar com o Big Data é computação em nuvem, pois é possível usar nuvens para suportar grandes quantidades de dados e as caraterísticas de elasticidade das nuvens permitem que acionemos servidores virtuais sob demanda, apenas no momento de tratar esses dados.

3.7. CONCLUSÃO

Os especialistas podem divergir e apresentar vantagens e desvantagens dos Data Warehouse, Data Mart ou até mesmo se o Business Intelligence necessita de uma dessas ferramentas para as análises, mas todos são unânimes quanto a seu poder no auxílio às empresas na tomada de decisão e que a aplicabilidade está cada vez mais presentes no nosso dia a dia.

Exercícios

1. Qual o processo desenvolvido pelo Business Intelligence?
2. O que é um Data Warehouse?
3. Qual a principal diferença entre um Data Warehouse e um Data Mart?
4. Qual significado da sigla OLAP e qual a sua aplicação?
5. Qual o significado do termo Big Data?

Capítulo 4

MICROSOFT POWER BI

O Microsoft Power BI é umas das ferramentas de negócios mais utilizadas para análise de dados, proporcionando uma exibição e interação dos dados de forma ágil e fácil. Este capítulo oferece as instruções de como você poderá adquirir o aplicativo e realizar sua instalação e configuração, além de introduzir os primeiros passos para trabalhar com a interface e manipulação dos dados dentro do Power BI.

4.1. DEFINIÇÃO DO MS POWER BI

A Microsoft é conhecida pelos inúmeros softwares desenvolvidos para a área de negócios, podemos citar aqui, por exemplo, o Pacote Office, presente na maioria das empresas do Brasil e do mundo. A Microsoft investe muito em desenvolvimento de aplicativos para essa área, ganhando grande notoriedade nesse meio. Como vimos anteriormente, o ramo de análise de dados já está presente no nosso cotidiano não é de hoje, e de uns tempos para cá alguns softwares de análise de dados se consolidaram.

Em meados de julho de 2015 a Microsoft lançou oficialmente o Power BI, serviço de visualização de dados e Business Intelligence, diferentemente do Excel (carro-chefe da empresa no quesito de desenvolvimento de relatórios gráficos até então), esse software oferece aos usuários que desenvolvem análises de dados ferramentas poderosas para visualização de informações de diversos conjuntos de dados em um painel atualizado em tempo real.

O Power BI tem importantes características que facilitam a manipulação de grandes volumes de dados, pois, possibilita importação de diferentes fontes de dados permitindo o relacionamento entre elas. As informações brutas que o usuário utilizará no software, relatórios que organizam os dados em um conjunto de gráficos e painéis atualizados, que fornecem visualizações específicas com base nesses relatórios, podendo ainda ser publicados e compartilhados com vários usuários através da Internet, Desktops e até mesmo adaptados para smartphones, proporcionam cada vez mais a praticidade que o mundo corporativo necessita atualmente.

Definitivamente o Power BI é uma ferramenta indispensável nos dias de hoje e que caiu nas graças de usuários e empresas, o que pode ser notado nos inúmeros anúncios de vagas que solicitam como pré-requisito o desenvolvimento de painéis de indicadores utilizando Power Bi, em vagas voltadas aos profissionais da área de BI e até mesmo de outros setores.

4.2. INSTALAÇÃO E CONFIGURAÇÃO DO MS POWER BI

A Microsoft até o presente momento disponibiliza três versões do Power BI para serem adquiridas, a seguir apresentarei resumidamente a diferença entre as versões.

4.2.1. Power BI Pro

A versão do Power BI Pro disponibiliza para o usuário do software uma licença individual que permite acessar o conteúdo e todas as funcionalidades no serviço do Power BI, como a possibilidade de compartilhar conteúdo e colaborar com outros usuários que partilham da mesma versão. A vantagem dessa versão é que os usuários Pro podem publicar e consumir conteúdo de espaços de trabalho do aplicativo, compartilhar painéis e se inscrever para obter painéis e relatórios. É permitido ao usuário utilizar a versão Pro gratuitamente por 60 dias.

4.2.2. Power BI Premium

A versão Premium do Power BI já oferece todos os recursos da Pro e além disso aumenta a capacidade de desempenho mais consistente e dá suporte para trabalhar com grandes quantidades dados.

4.2.3. Power BI Desktop

Já o Power BI Desktop é uma versão gratuita, que permite aos usuários usufruírem de todas as ferramentas para análise de dados.

Para instrumento de desenvolvimento deste livro utilizaremos a versão Desktop; como vimos no comparativo é a versão gratuita, todas as interfaces são iguais alterando somente as características mencionadas acima.

Para que você possa realizar o download do Power BI, acesse o site da Microsoft e busque pelo download gratuito da ferramenta Power Bi Desktop. Até o presente momento da edição deste livro é possível realizar o download através do link: https://powerbi.microsoft.com/pt-br/desktop/.

O programa de instalação tem aproximadamente 200 MB na versão de 64 bits.

Após o download do programa, clique duas vezes sobre o instalador e será exibida a tela referente ao Assistente de Configuração do Microsoft Power BI Desktop (Figura 4.1).

FIGURA 4.1 – TELA DA PRIMEIRA ETAPA DE INSTALAÇÃO

Clique no botão "Seguinte" para que apareça a tela de aceitação dos Termos de Licenciamento para o uso do Software, marque a opção de aceite e prossiga para próxima etapa.

FIGURA 4.2 – TELA DE TERMOS DE LICENCIAMENTO

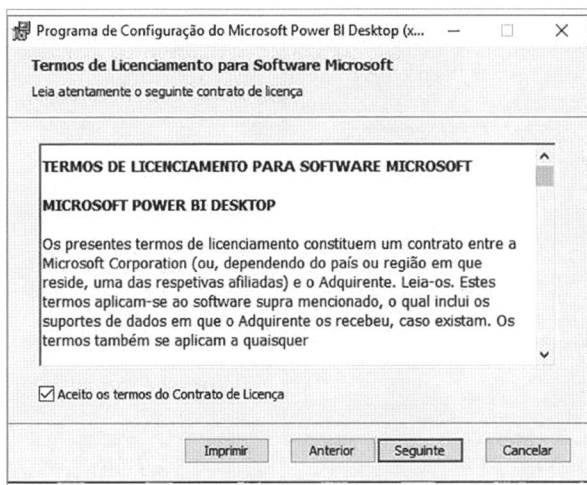

A próxima etapa será a de escolha do local onde será realizada a instalação do programa, por padrão é apresentado o caminho da pasta Program Files no disco local C (Figura 4.3).

FIGURA 4.3 – TELA DE PASTA DE DESTINO

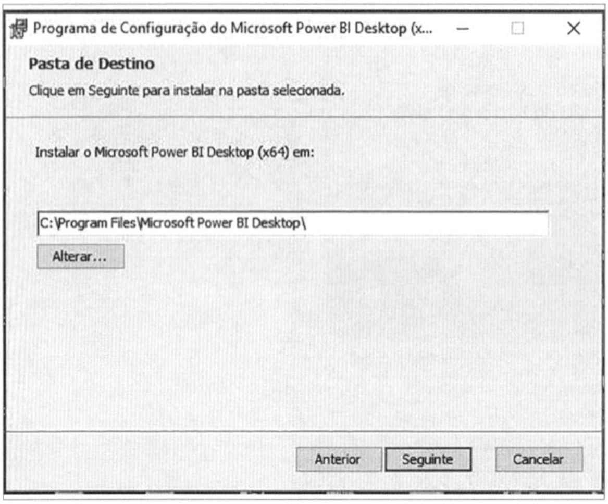

Clique no botão "Seguinte" nas próximas etapas para concluir o processo de instalação até que apareça a tela:

FIGURA 4.4 – TELA PARA CONCLUIR A INSTALAÇÃO

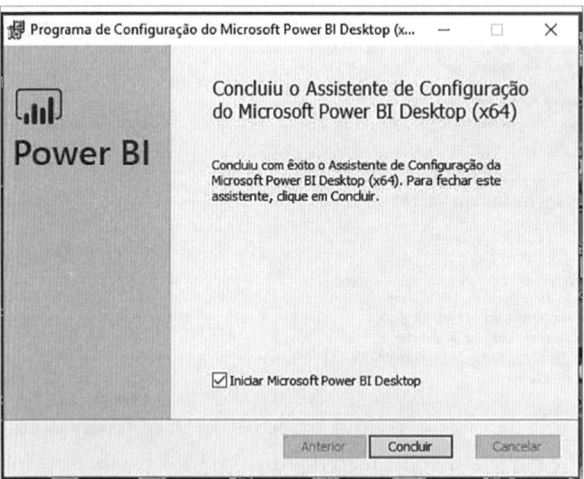

Após concluir a instalação, o Power BI iniciará o processo de carregamento do programa (Figura 4.5) e em seguida poderá apresentar uma tela de cadastro (Figura 4.6), ficando a critério do usuário realizar esse cadastro na Microsoft.

FIGURA 4.5 – TELA DE INICIALIZAÇÃO

FIGURA 4.6 – TELA DE CADASTRO

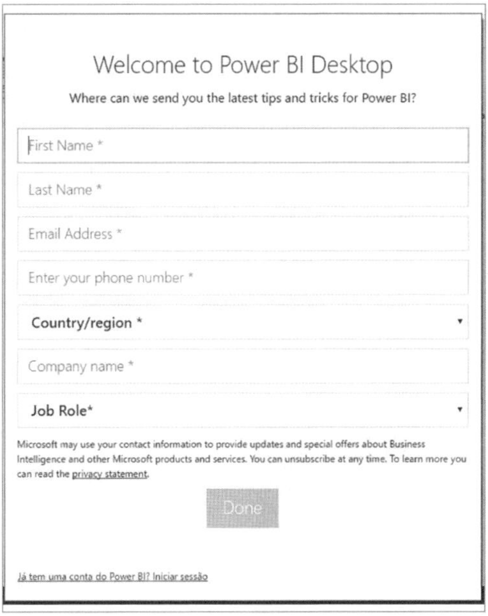

O Power BI iniciará com a tela da Figura 4.7, que exibe os arquivos recentes criados com o programa. A opção de realizar a importação de novos dados também pode ser realizada na interface do programa que veremos mais a frente, para o desenvolvimento das análises, além de links para acessar as atualizações do programa, fóruns e tutoriais de interação para que você possa adquirir mais informações sobre o Power BI.

FIGURA 4.7 – TELA INICIAL

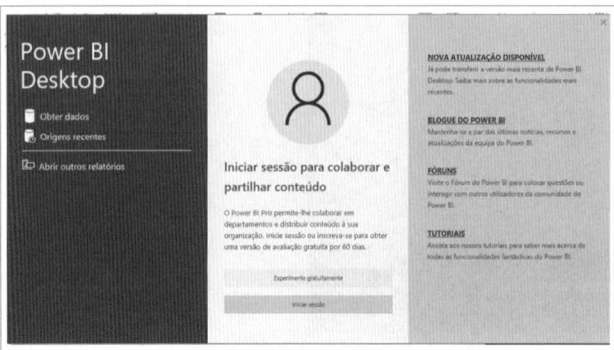

4.3. INTERFACE DO MS POWER BI

A interface do Power BI (Figura 4.8) acompanha o estilo dos outros programas da Microsoft, através de Guias e Botões de Comando, sempre visíveis na parte superior da tela e na parte central, onde serão desenvolvidas as análises e os gráficos do relatório. Já no canto são exibidas as ferramentas gráficas para a central, onde será desenvolvido o funcionamento gráfico.

FIGURA 4.8 – INTERFACE DE TRABALHO DO POWER BI

4.4. GUIAS

A guia "Arquivo" (Figura 4.9) segue o padrão dos aplicativos mais conhecidos da Microsoft: nessa guia encontramos comandos fundamentais como o botão Guardar/Salvar que tem a função de salvar os arquivos criados com o Power BI; também conta com comandos de interatividade para aprendizado e modelos de outros relatórios, além de comandos que veremos mais a frente como, por exemplo, o da publicação dos relatórios na Web.

FIGURA 4.9 – GUIA ARQUIVO

COMANDO	DESCRIÇÃO
Novo	Cria um novo relatório do Power BI.
Abrir	Abre um relatório existente do Power BI.
Guardar	Esse botão salva o relatório atual criado no Power BI.
Guardar Como	Esse botão salva o relatório atual como outro documento.
Importar	Esse botão permite importar dados e elementos de outros programas.
Exportar	Permite exportar o relatório atual como um modelo para ser utilizado posteriormente.
Publicar	Publica os relatórios criados na Web, para que possa ser acessado por outros usuários.
Exportar para PDF	Permite salvar o relatório criado no formato de PDF.
Opções e definições	Esse botão permite alterar as configurações do Power BI e alterar as definições de origem de dados.

(continua)

COMANDO	DESCRIÇÃO
Ajuda	O botão ajuda oferece acesso às várias informações contidas no site da Microsoft que podem vir a ser úteis no desenvolvimento dos seus relatórios.
Comece Agora	Exibi o ecrã de início do Power BI.
Novidades	Dá acesso ao Blog destinado ao Power BI na internet onde são compartilhadas atualizações do programa entre outras funcionalidades.
Iniciar sessão	Permite acessar os serviços online do Power BI.
Sair	Fecha o programa.

Na guia "Base" (Figura 4.10) são apresentados comandos relacionados a Base de Dados que possuem os dados que formarão os gráficos, além das manipulações que podem ser realizadas com consultas, novas bases e relações com diversas bases de dados, e de botões que permitem inserir elementos gráficos nas Páginas de Relatório.

Figura 4.10 – Guia Base

GRUPO	COMANDO	DESCRIÇÃO
Área de Transferência	Colar, Cortar, Copiar e Pincel de formatação	Seguindo o mesmo padrão de outros programas da Microsoft, esse grupo é composto pelos botões transferência de dados dentro do programa.
Dados externos	Obter Dados	Permite importar dados a partir de uma nova origem.
	Origens Recentes	Faz a conexão com dados utilizados recentemente.
	Introduzir Dados	Cria uma nova tabela, adicionando ou criando um novo conteúdo.
	Editar Consultas	Permite editar o conteúdo da base de dados.
	Atualizar	Atualiza os dados das tabelas de todos os relatórios criados.

GRUPO	COMANDO	DESCRIÇÃO
Recursos	Modelos de Solução	Modelos criados e disponíveis na web.
	Showcase de Parceiros	Casos de sucesso criados por usuários e disponibilizados na web.
Inserir	Nova Página	Adiciona uma nova página ao arquivo.
	Novo Visual	Insere uma nova visualização dos dados na página atual.
	Caixa de Texto	Insere uma caixa de texto na página atual.
	Imagem	Insere uma imagem na página atual.
	Formas	Insere uma forma na página atual.
Elementos visuais personalizados	Do arquivo	Importa um elemento visual para o relatório quando está conectado a web.
	De Ficheiro	Permite importar um elemento visual do próprio computador.
Relações	Gerir Relações	Permite criar e gerenciar as relações das tabelas disponíveis no Power BI.
Cálculos	Nova Medida	Permite adicionar fórmulas nas tabelas.
	Nova Coluna	Adiciona uma nova coluna para realização de cálculos nas tabelas.
Partilhar	Publicar	Pública os relatórios criados na Web, para que possam ser acessados por outros usuários.

A guia "Ver" (Figura 4.11) possibilita o usuário realizar ajustes nas páginas dos relatórios a fim de fazer adequações de largura e altura nas páginas para que os relatórios fiquem com os objetos de forma adequada. Essa guia também conta com o botão de "Esquema de Telefone", permitindo modificar os objetos das páginas de forma que fique ordenado de maneira harmônica para ser visualizado em um smartphone.

FIGURA 4.11 – GUIA VER

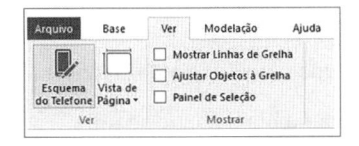

GRUPO	COMANDO	DESCRIÇÃO
VER	Esquema do Telefone	Muda o Layout da página para o de smartphone, onde permite moldar a apresentação do Dashboard para a tela do smartphone, tornando mais agradável a visualização e interação do usuário.
	Vista de Página	Permite o ajuste da página ao conteúdo dos recursos visuais criados.
MOSTRAR	Mostrar Linhas de Grelha	Exibe as linhas de grade na página, para melhor precisão na montagem dos recursos visuais.
	Ajustar Objetos à Grelha	Ajusta os objetos automaticamente nas grades da página.
	Painel de Seleção	Exibe uma barra de seleção dos elementos visuais, para facilitar a formatação e configuração dos mesmos.

Já na guia "Modelação" (Figura 4.12) o usuário poderá trabalhar com comandos a fim de personalizar a tabela de dados na qual montará os relatórios: é possível inserir tabelas e colunas na base de dados já existente, além de criar funções de cálculos, que no Power BI damos o nome de fórmulas DAX (Data Analysis Expression), as quais veremos mais a frente como funcionam.

FIGURA 4.12 – GUIA MODELAÇÃO

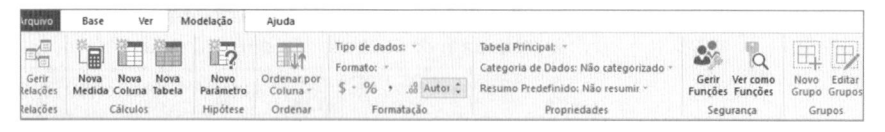

GRUPO	COMANDO	DESCRIÇÃO
RELAÇÕES	Gerir Relações	Permite criar e gerenciar as relações das tabelas disponíveis no Power BI.
CÁLCULOS	Nova Medida	Permite elaborar uma nova medida a tabela ou coluna selecionada.
	Nova Coluna	Adiciona uma coluna calculada a uma tabela.
	Nova Tabela	Adiciona uma nova tabela a partir de uma expressão DAX.

GRUPO	COMANDO	DESCRIÇÃO
HIPÓTESE	Novo Parâmetro	Define um novo parâmetro de hipótese cujo valor pode fazer parte em um filtro de dados ou referenciar fórmulas DAX.
ORDENAR	Ordenar por Coluna	Ordena determinada coluna selecionada da tabela, de acordo com a regra que você deseja aplicar.
FORMATAÇÃO	Exibe botões de formatação de valores.	Permite formatar os números de acordo com a moeda e casas decimais desejadas, mas só quando é exibido no modo tabela.
PROPRIEDADES	Exibe botões de características de Dados.	Permite definir uma categoria de determinados dados para facilitar na hora da aplicação dos elementos visuais.
SEGURANÇA	Gerir Funções	Permite criar, alterar ou eliminar funções de segurança.
	Ver como Funções	Torna os dados visíveis para os membros de funções de seguranças e indivíduos.
GRUPOS	Novo Grupo	Permite criar uma nova coluna, unindo dados de duas ou mais colunas.
	Editar Grupos	Edita um ou mais grupos.

A última guia padrão é a "Ajuda" (Figura 4.13), as opções apresentadas nessa guia são as mesmas encontradas na guia Arquivo no botão Ajuda; como vimos anteriormente, ela apresenta opções de interatividade de aprendizado e suporte do programa.

FIGURA 4.13 – GUIA AJUDA

GRUPO	COMANDO	DESCRIÇÃO
AJUDA	Aprendizagem Interativa	Cursos em vídeo para o aprendizado de tarefas simples no Power BI.
	Documentação	Material com instruções de como utilizar o Power BI.
	Vídeos de Formação	Link que permite acesso aos vídeos do Youtube criados pela equipe da Microsoft responsável pelo Power BI.
	Suporte	Suporte da Microsoft para assinantes do Power BI Pro.
	Acerca de	Versão do Power BI que está instalada em seu computador.
COMUNIDADE	Blogue do Power BI	Consulta as novidades do programa disponibilizadas pela equipe.
	Comunidade	Permite o compartilhamento de experiências com os especialistas e usuários do Power BI.
	Power BI para programadores	Obter informações do Power BI direcionadas a programadores.
	Amostras	Possibilita encontrar vários exemplos de relatórios criados pelo Power BI.
	Galeria da Comunidade	Permite o acesso de arquivos modelos criados por especialistas do Power BI.
	Submeter uma Ideia	Se você tiver uma ideia que queira compartilhar com a equipe do Power BI.

Na medida em que formos desenvolvendo os gráficos, serão apresentadas as guias "Formato" e "Dados/Pormenorização", que permitem manipulação dos objetos e dos dados dentro das páginas.

FIGURA 4.14 – GUIA FORMATO

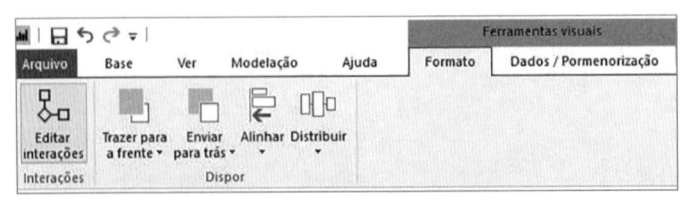

GRUPO	COMANDO	DESCRIÇÃO
INTERAÇÕES	Editar interações	Altera a interação dos elementos visuais quando são selecionados.
DISPOR	Trazer para frente	Traz um elemento visual para frente de outro elemento.
	Enviar para trás	Envia para trás um elemento visual.
	Alinhar	Alinha os elementos visuais.
	Distribuir	Alinha os elementos visuais dentro página.

FIGURA 4.15 – GUIA DADOS / PORMENORIZAÇÃO

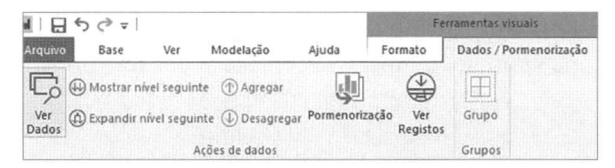

GRUPO	COMANDO	DESCRIÇÃO
AÇÕES DE DADOS	Ver Dados	Permite a visualização de uma tabela na parte de baixo da página, com os dados que formam o visual selecionado.
	Mostrar nível seguinte	Quando trabalhamos com uma matriz ou um visual que apresente uma estrutura de Drill Down, esse botão permite ir para o nível seguinte de dados.
	Expandir nível seguinte	Quando trabalhamos com uma matriz ou um visual que apresente uma estrutura de Drill Down, esse botão apresenta os dados que formam o item ou valor selecionando.
	Agregar	Faz o efeito de Drill Up, após descermos para o nível seguinte retornamos ao nível anterior.
	Desagregar	Permite ativar o botão que bloqueia a agregação dos dados.
	Pormenorização	Ativa o nível de detalhamento aplicado ao filtro.
	Ver Registros	Possibilita ver os registros da base de dados.
GRUPOS	Grupo	Cria um grupo que destaca os valores selecionados nos elementos visuais.

Na parte inferior das Guias, onde se ocupa a maior parte do Power BI, damos o nome de "Páginas", é nesse ambiente que serão desenvolvidos os relatórios com os gráficos, filtros e relacionamentos da nossa base de dados. Um relatório (arquivo) do Power BI, pode conter quantas páginas forem necessárias, isso faz se importante pois, como se trata de programa Date Warehouse, pode ter usuários que extraiam uma base de dados que costuma apresentar um grande volume de campos a serem analisados, e que ficaria muito confuso e difícil de consolidar somente em uma página. Dessa forma podemos dividir os painéis criados, proporcionando uma maior comodidade e facilidade na leitura dos relatórios por parte das pessoas interessadas, exibindo de forma clara os resultados obtidos com as análises.

É possível encontrar no canto direito duas barras de ferramentas nomeadas de "Visualizações" e "Campos", a primeira disponibiliza todos os gráficos e filtros disponíveis pelo Power BI para o desenvolvimento dos relatórios e a segunda apresenta os campos da Base de Dados que serão utilizados para confecção dos relatórios.

FIGURA 4.16

Ainda na tela das páginas, é possível visualizar três botões no canto esquerdo (Figura 4.17), esses botões são o de visualização das informações. Por padrão o Power BI deixa na primeira opção de "Relatório", para que possamos ter a visualização da parte gráfica dos dados, o segundo botão denominado "Dados", onde podemos visualizar as informações dos dados brutos que estão fazendo parte dos relatórios, e a última opção é o botão de "Relações", que exibe as tabelas e as relações que estão sendo feitas, isso caso você possua mais de uma Base de Dados fazendo parte dos relatórios e que você as tenha relacionado.

FIGURA 4.17

4.5. IMPORTAÇÃO DE DADOS PARA O POWER BI

Agora que conhecemos a interface do Power BI, aprenderemos a realizar as importações de base de dados, para que possamos trabalhar com elas e desenvolver nossos relatórios.

Quando abrimos um novo documento do Power BI, serão exibidos na tela de apresentação, os botões de "Obter dados" e "Origens recentes", além da opção de "Abrir outros relatórios", como podemos observar na Figura 4.18.

FIGURA 4.18

Esse é o primeiro caminho disponível para importação de base de dados, onde utilizaremos a opção "Obter dados"; a outra maneira seria na interface do programa, na Guia Base, no grupo Dados Externos, onde também encontramos o botão Obter Dados.

Após clicarmos no botão Obter Dados, serão exibidas as opções de base de dados disponíveis que integram com o Power BI, são várias as opções desde o Excel até Oracle.

FIGURA 4.19

Para que possamos dar continuidade no processo de aprendizagem do Power BI, necessitamos de uma base de dados para seguir em frente não só nessa atividade, mas nas demais também.

A base de dados que utilizaremos poderá ser criada em qualquer SGBD (Sistema Gerenciador de Banco de Dados), nesse exemplo criaremos em um .txt, com resultados de vendas de uma escola de cursos de aperfeiçoamento profissional. A base compõe registros de: tipo de treinamento, nome do curso, número de matrículas, resultado de arrecadação em R$, meta de arrecadação em R$, cidade e ano.

Figura 4.20

TIPO DO TREINAMENTO	CURSO	MATRÍCULAS
Aperfeiçoamento	Culinária	132
Especialização	Panificação	98
Iniciação	Informática	173
Qualificação	Automação	50
Especialização	Gestão de Pessoas	140
Qualificação	Instalação de Redes de Computadores	92
Aperfeiçoamento	Eletrônica	45
Especialização	Panificação	64
Qualificação	Instalação de Redes de Computadores	48
Qualificação	Automação	95
Aperfeiçoamento	Culinária	49
Especialização	Power BI	75
Aperfeiçoamento	Eletrônica	50
Qualificação	Panificação	35
Iniciação	Panificação	89
Qualificação	Automação	48
Iniciação	Informática	87

Crie a base de dados conforme a Figura 4.20 ou a Tabela abaixo, os campos são delimitados por tabulação, mas pode-se escolher outro tipo de caractere que não haverá problema, se você preferir poderá criar essa base de dados no Excel ou outro SGBD. O arquivo em .txt utilizado, em conjunto com demais arquivos utilizados no livro, também está disponível para download no site www.altabooks.com.br, na página do livro, mediante busca pelo título ou ISBN.

RESULTADO DE ARRECADAÇÃO R$	META DE ARRECADAÇÃO R$	CIDADE	ANO
63360	51000	Cotia	2017
37240	42000	Osasco	2017
134940	105000	São Caetano do Sul	2017
52500	83000	São Paulo	2017
71400	51000	Barueri	2017
57960	62000	Marília	2017
49500	48500	Americana	2017
24320	44000	Campinas	2017
30240	35500	Arujá	2017
99750	110000	Bauru	2017
22050	20500	Santos	2017
71250	51500	Santo André	2017
55000	50000	Botucatu	2017
13300	14000	Cabreúva	2017
33820	29000	Cajamar	2017
50400	52500	Embu	2017
67860	42000	Cajuru	2017

(continua)

TIPO DO TREINAMENTO	CURSO	MATRÍCULAS
Especialização	Gestão de Pessoas	103
Qualificação	Instalação de Redes de Computadores	62
Iniciação	Informática	101
Especialização	Power BI	62
Aperfeiçoamento	Culinária	138
Especialização	Panificação	102
Iniciação	Informática	181
Qualificação	Automação	52
Especialização	Gestão de Pessoas	110
Qualificação	Instalação de Redes de Computadores	96
Aperfeiçoamento	Eletrônica	47
Especialização	Panificação	67
Qualificação	Instalação de Redes de Computadores	50
Qualificação	Automação	99
Aperfeiçoamento	Culinária	51
Especialização	Power BI	86
Aperfeiçoamento	Eletrônica	52
Qualificação	Panificação	36
Iniciação	Panificação	93
Qualificação	Automação	50
Iniciação	Informática	139
Especialização	Gestão de Pessoas	108
Qualificação	Instalação de Redes de Computadores	65
Iniciação	Informática	106
Especialização	Power BI	65

RESULTADO DE ARRECADAÇÃO R$	META DE ARRECADAÇÃO R$	CIDADE	ANO
52530	45500	Guarulhos	2017
39060	52400	Campos do Jordão	2017
78780	75300	Jaú	2017
58900	53200	Hortolândia	2017
69854,4	56610	Cotia	2018
51861,6	46620	Osasco	2018
91551,6	116550	São Caetano do Sul	2018
26460	92130	São Paulo	2018
55440	56610	Barueri	2018
48686,4	68820	Marília	2018
23814	53835	Americana	2018
33868,8	48840	Campinas	2018
25401,6	39405	Arujá	2018
50274	122100	Bauru	2018
25930,8	22755	Santos	2018
43344	57165	Santo André	2018
26460	55500	Botucatu	2018
18522	15540	Cabreúva	2018
47098,8	32190	Cajamar	2018
25401,6	58275	Embu	2018
70056	46620	Cajuru	2018
54507,6	50505	Guarulhos	2018
32810,4	58164	Campos do Jordão	2018
53449,2	83583	Jaú	2018
32810,4	59052	Hortolândia	2018

Após criar a base de dados, salve com o nome de 2-Base de Dados Resultados Cursos.

Volte para Power BI e clique novamente em Obter Dados, e selecione a base de dados que você deseja importar. Como mencionado antes, a nossa base de dados foi criada no .txt e selecionaremos a opção Texto/CSV para em seguida clicar em "Ligar".

Figura 4.21

Será exibida a janela de seleção, clique no arquivo salvo com o nome "2-Base de Dados Resultados Cursos" (Figura 4.22).

Figura 4.22

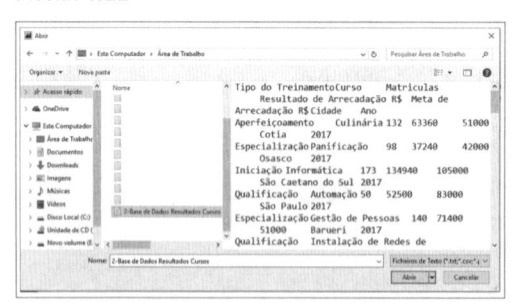

O Power BI iniciará o processo de carregamento dos dados e exibirá a mensagem da Figura 4.23, aguarde o carregamento até que a seja exibida a tela da Figura 4.24 com os dados.

FIGURA 4.23

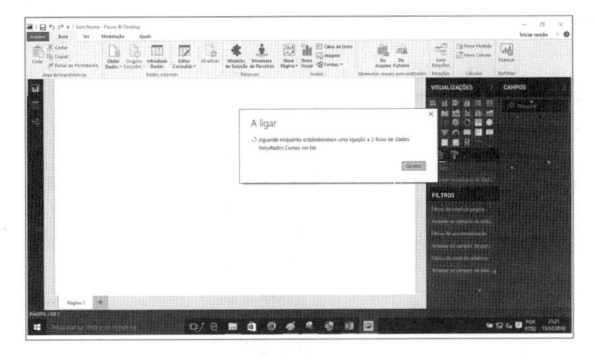

FIGURA 4.24

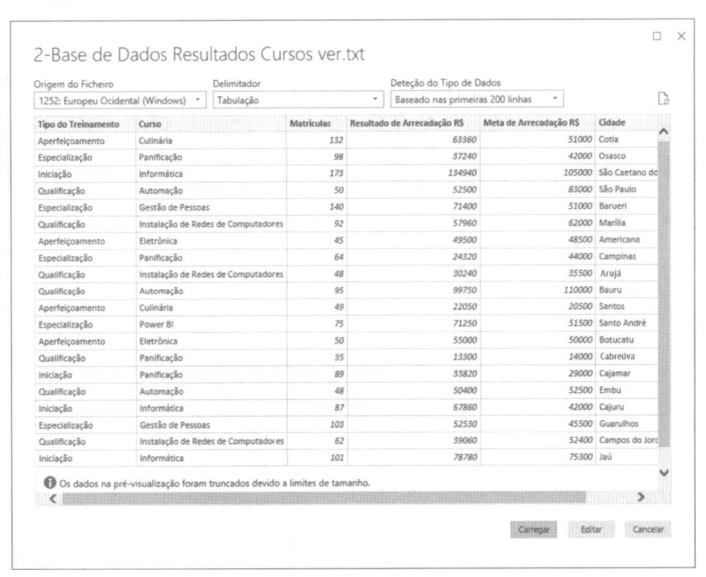

A base de dados será exibida dentro do Power BI, quando os dados são exportados de um .txt, é permitido que seja realizada uma personalização dessa base antes que seja importada em definitivo para o Power BI, quando importamos de outros SGBDs, essas opções podem não aparecer, pois os dados já vêm estruturados e são reconhecidos automaticamente pelo Power BI.

Podemos ver na Figura 4.25 que a primeira opção que surge é a de Origem do Ficheiro, automaticamente o próprio Power BI deixa na opção Europeu Ocidental (Windows), pois identifica que os dados foram gerados a partir dessa configuração.

FIGURA 4.25

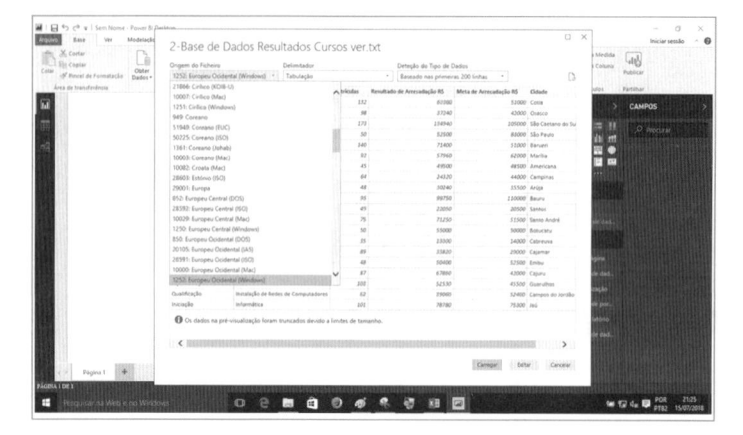

A segunda opção é o Delimitador, que permite selecionar qual o caráter que faz a separação dos campos dentro da base de dados, anteriormente definimos que, se você criou a base no .txt, a regra de separação dos campos deveria se a tabulação, selecione essa opção como podemos ver na Figura 4.26.

FIGURA 4.26

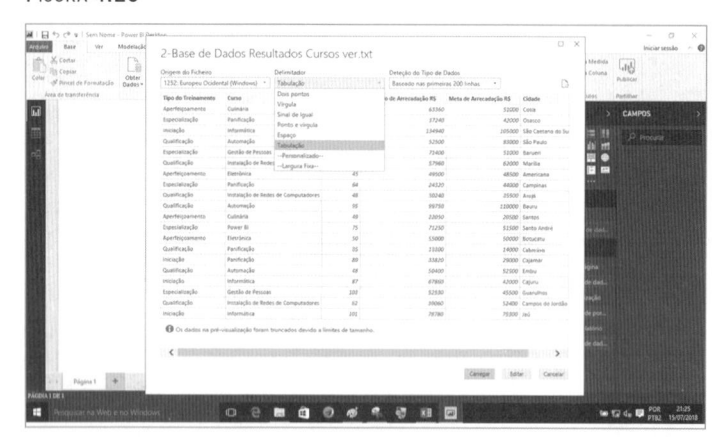

A terceira e última opção é a de Detecção do Tipo de Dados, que permite com que o Power BI identifique a base de dados dentro do arquivo, caso também se tenha outras informações que não sigam um padrão de dados reconhecido e, dessa forma, permite que você selecione a opção desejada, nesse caso marcaremos a opção Baseado nas primeiras 200 linhas (Figura 4.27).

Figura 4.27

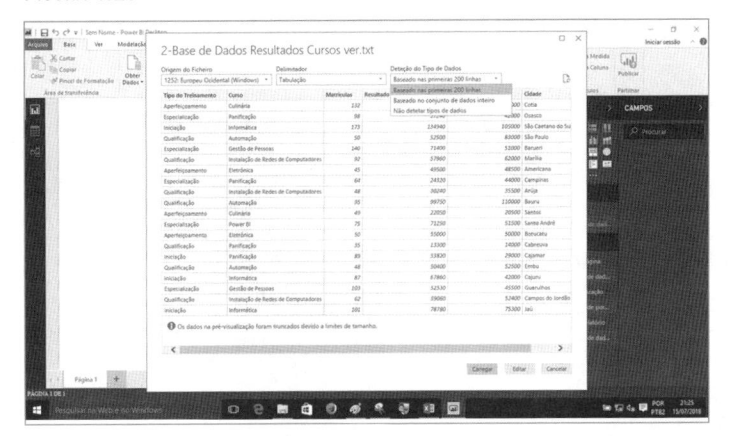

Ainda nesta tela, temos a opção de realizar alguma edição na base de dados antes de começarmos a trabalhar com ela, isso é importante caso você deseje alterar uma palavra ou conteúdo da base que não veio da forma que você gostaria, como por exemplo, quando importamos dados de um SGBD baseado em uma arquitetura antiga ou incompatível com acentuação que estamos acostumados.

Para realizar a alteração clique no botão Editar na parte inferior da tela e será carregada a tela de edição igual à da Figura 4.28.

Figura 4.28

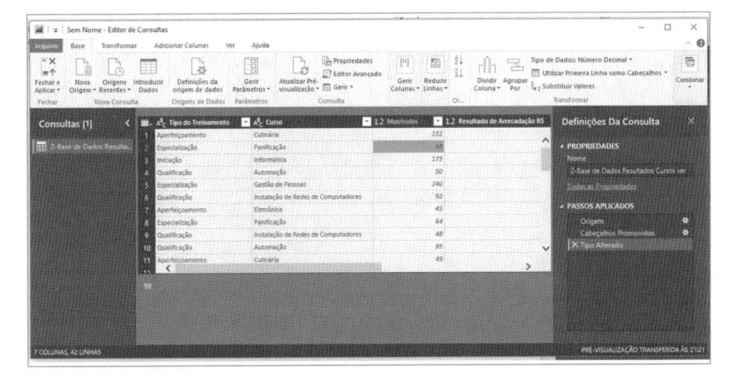

Essa tela poderá ser acessada quando já estivermos trabalhando com a criação de relatórios dentro do Power BI, não só com a edição de dados, mas para trabalhar com outras funcionalidades de consultas (iremos ver esse assunto em outro capítulo), porém é importante realizar qualquer edição sempre no início, para que não tenhamos problemas de atualizações e integridade dos dados no desenvolvimento dos indicadores.

A edição dos dados pode ser realizada quando clicamos com o botão direito do mouse na célula desejada e, em seguida, a opção Substituir Valores (Figura 4.29).

FIGURA 4.29

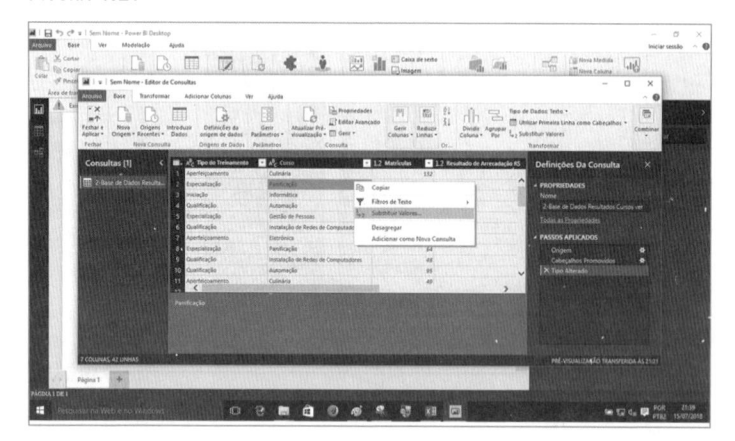

Será exibida a tela (Figura 4.30) com o campo Valor a Localizar, que será o dado localizado e que será substituído pela informação que você digitar no campo Substituir por, após o preenchimento clique em Ok e os dados serão substituídos em todas as colunas que você tenha selecionado.

FIGURA 4.30

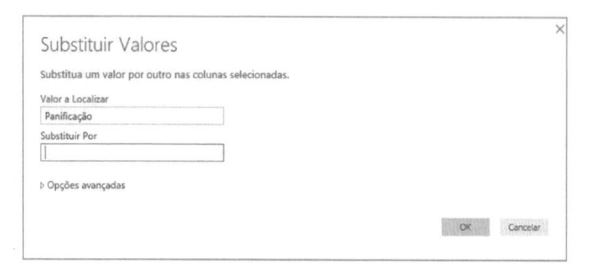

> **OBSERVAÇÃO**
>
> Não realizaremos nenhuma substituição de dados nesse momento.

Quando é fechada a tela de edição, será perguntado se deseja aplicar as alterações realizadas, clique em sim e, na sequência, o Power BI fará a ligação dos dados como é possível verificar na Figura 4.31. Caso você não necessite editar os dados na tela anterior de preparação dos dados, basta clicar no botão Carregar (Figura 4.32) que os dados serão ligados ao Power BI.

FIGURA 4.31

FIGURA 4.32

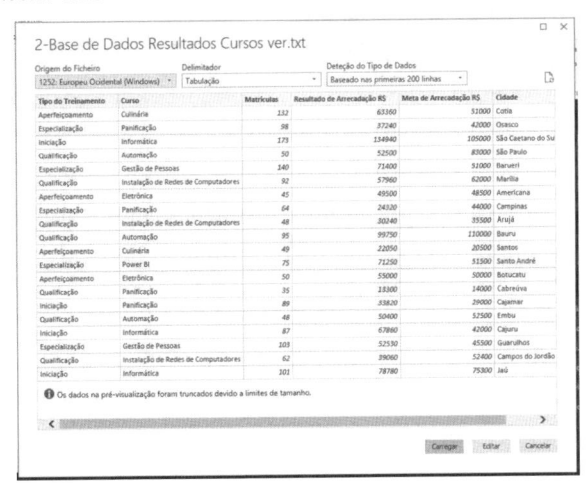

Após o carregamento dos dados, será exibida a Página 1 em branco, e na parte lateral os campos da base de dados que serão utilizados para a montagem dos nossos relatórios. (Figura 4.33)

Figura 4.33

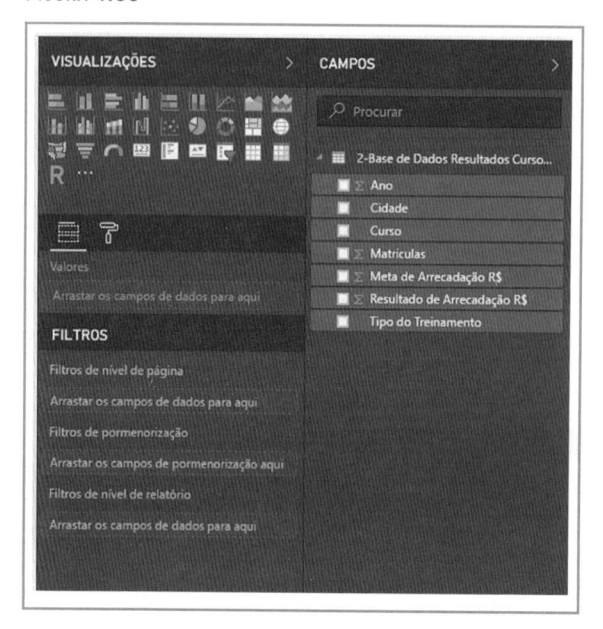

Nós criaremos os gráficos e exploraremos as ferramentas interativas para criação dos nossos Dashboards no próximo capítulo deste livro.

Para salvar esse documento e trabalhar com ele posteriormente sempre que desejar, clique na guia Arquivo e depois no botão Guardar/Salvar, digite o nome do arquivo como "Relatório 1" e em seguida clique em Salvar.

4.6. CONCLUSÃO

Nesse capítulo foram apresentados os conceitos e o funcionamento do Power BI, o processo de instalação do programa, sua interface e como é feito o passo a passo de inserir bancos de dados no programa, nos próximos capítulos serão abordadas as ferramentas disponíveis e as principais etapas para criação dos Relatórios de Dados.

EXERCÍCIOS

1. Qual a principal função do programa Power BI?
2. Descreva as principais características disponíveis para o desenvolvimento dos relatórios no Power BI.
3. Qual o nome do ambiente onde são criados os relatórios no Power BI?
4. Descreva o processo de importação dos dados.
5. Digite a tabela abaixo em banco de dados que dê suporte ao Power BI e em seguida faça a importação desses dados a um novo arquivo do Power BI e salve com o nome de Exercício 1.

CÓDIGO DA LOJA	REGIÃO	ESTADO	CIDADE	ENDEREÇO
P1	Região Sudeste	SP	São Paulo	Avenida Morumbi
P2	Região Sudeste	SP	São Paulo	Avenida Ibirapuera
P3	Região Sudeste	SP	São Paulo	Avenida Brigadeiro Faria Lima
P4	Região Sudeste	SP	São Paulo	Avenida Paulista
P5	Região Sudeste	SP	São Paulo	Avenida Santo Amaro
P6	Região Sudeste	SP	São Paulo	Avenida Paulista
R1	Região Sudeste	RJ	Rio de Janeiro	Avenida Gomes Freire, 200
R2	Região Sudeste	RJ	Rio de Janeiro	Avenida Passos, 50
R3	Região Sudeste	RJ	Rio de Janeiro	Avenida Almirante Barroso, 30
B1	Região Sudeste	MG	Belo Horizonte	Avenida Olegário Maciel, 140
B2	Região Sudeste	MG	Belo Horizonte	Avenida Afonso Pena, 70
B3	Região Sudeste	MG	Belo Horizonte	Avenida Barbacena, 97
E1	Região Sul	PR	Curitiba	Avenida Henry Ford
E2	Região Sul	PR	Curitiba	Avenida Sete de Setembro

MÊS	META R$	REALIZADO R$	META PARA UNIDADES VENDIDAS	RESULTADO DE UNIDADES VENDIDAS
Janeiro	R$ 50.000,00	R$ 48.535,00	540	620
Janeiro	R$ 45.000,00	R$ 42.150,00	580	541
Janeiro	R$ 55.000,00	R$ 62.350,00	410	514
Janeiro	R$ 60.000,00	R$ 75.140,00	535	620
Janeiro	R$ 30.000,00	R$ 36.200,00	350	310
Janeiro	R$ 55.000,00	R$ 57.200,00	500	453
Janeiro	R$ 40.000,00	R$ 32.150,00	460	320
Janeiro	R$ 45.000,00	R$ 40.120,00	500	370
Janeiro	R$ 30.000,00	R$ 31.900,00	310	340
Janeiro	R$ 25.000,00	R$ 5.020,00	240	82
Janeiro	R$ 25.000,00	R$ 25.100,00	240	261
Janeiro	R$ 20.000,00	R$ 19.000,00	210	187
Janeiro	R$ 30.000,00	R$ 34.250,00	280	295
Janeiro	R$ 20.000,00	R$ 27.250,00	200	223

CAPÍTULO 5

GRÁFICOS DISPONÍVEIS NO POWER BI

Este capítulo aborda as instruções para criação dos recursos visuais (gráficos) nas páginas do Power BI, muito utilizados no desenvolvimento de Dashboards. Os gráficos disponíveis são variados e com amplos recursos de interação e mineração de dados através dos filtros disponibilizados pelo programa. É possível importar recursos disponibilizados pela Microsoft e também por usuários que colaboram com o aperfeiçoamento do programa.

5.1. CRIANDO UM GRÁFICO NO POWER BI

A criação de um gráfico no Power BI é muito simples e dinâmica, necessitando apenas a compreensão do usuário naquilo que ele deseja exibir e retratar com o gráfico criado.

Para o desenvolvimento deste capítulo, utilizaremos o arquivo Relatório 1, criado no capítulo anterior com a Base de Dados dos resultados de um grupo escolar de ensino de aperfeiçoamento profissional.

Para criar um gráfico na página, antes necessitamos inserir um Novo Visual, na Guia Base no grupo Inserir clique no botão Novo Visual (Figura 5.1). Será exibido na página um quadro igual ao da Figura 5.2 que tomará a forma do gráfico que desejamos.

FIGURA 5.1

FIGURA 5.2

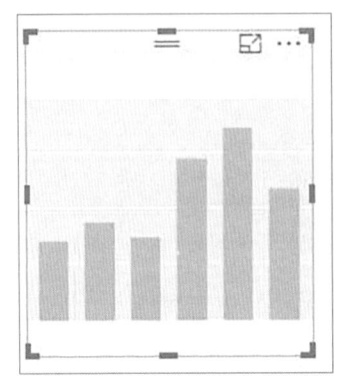

Esse quadro poderá ser arrastado para qualquer área da página, bastando somente clicar em cima dele com o botão esquerdo do mouse, mantê-lo pressionado e mover para onde desejar.

FIGURA 5.3

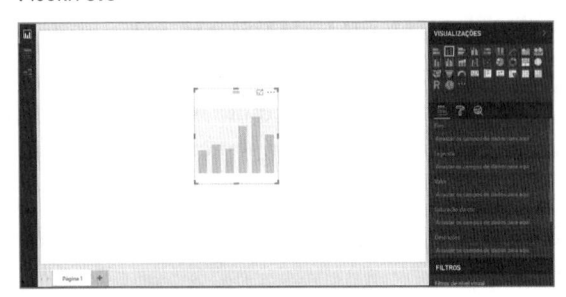

Também é possível aumentar e diminuir o tamanho do quadro pelos cantos e diagonais do quadro, como podemos ver na Figura 5.4

FIGURA 5.4

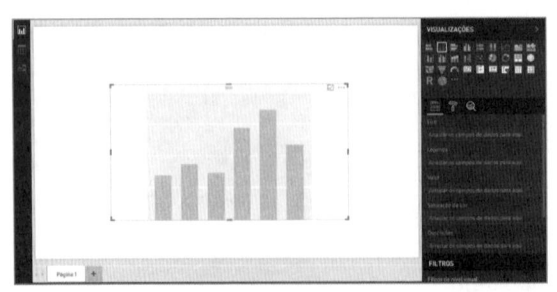

Agora que conhecemos o processo de adicionar um novo visual e como manipulá-lo dentro da página, criaremos os gráficos de acordo com o que desejamos visualizar dos dados.

Neste primeiro momento, verificaremos qual foi o desempenho de Arrecadação em R$ por curso, ou seja, vamos avaliar os cursos que deram mais retorno de vendas de maneira geral.

Para formarmos essa visualização, trabalharemos com a barra de ferramentas "Campos", disponível no canto direito do programa, arraste para o quadro os campos "Curso" e "Resultado de Arrecadação R$", veja que o gráfico de coluna será formado com os valores arrecadados em cada cidade, sendo cada barra, a cidade, e o cumprimento dela, os resultados obtidos.

FIGURA 5.5

Caso deseje visualizar os dados em um outro formato de gráfico, não é necessário criar um novo, basta selecionar o gráfico desejado na barra Visualizações e será exibido, como podemos ver no exemplo da Figura 5.6, onde alteramos para gráfico de Setorial (Pizza).

FIGURA 5.6

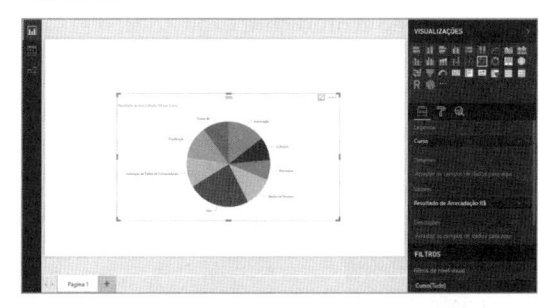

Abordaremos a partir de agora os gráficos disponíveis no Power BI e para quais visualizações eles são mais adequados, além de personalizar a formatação dos mesmos, para que depois possamos criar os nossos Dashboards com maior facilidade.

5.2. GRÁFICO CIRCULAR (PIZZA) E ANEL

O gráfico Setorial ou como é mais conhecido, gráfico de Pizza, representa os dados em forma de fração, possibilitando ao usuário uma visualização dos dados de um todo e a representação proporcional de cada fatia da pizza.

Procure dar preferência na construção desses gráficos, para dados que possam ser visualizados de maneira que permita a você enxergar as categorias e seus valores em percentuais, para saber a diferença de valores de cada item na proporção total.

Anteriormente deixamos os dados de "Curso" e "Resultado de Arrecadação R$" sendo visualizados na forma do gráfico Setorial. Agora abordaremos de maneira geral os recursos disponíveis para a melhor visualização das informações geradas pelo gráfico.

Quando criamos o gráfico, cada fatia representa o valor de um todo, e seu tamanho varia de acordo com os valores de cada item. No Power BI é possível visualizar os detalhes de cada fatia ao aproximar o cursor, veja o exemplo na Figura 5.7.

FIGURA 5.7

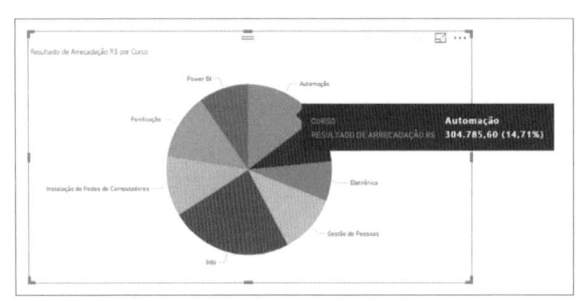

Todas as vezes que selecionamos determinado gráfico, serão exibidas na barra "Visualizações" as Configurações disponíveis de acordo com cada gráfico.

Abaixo dos elementos visuais disponíveis, serão exibidos três botões como podemos observar na Figura 5.8.

FIGURA 5.8

A primeira opção da esquerda para direita é a de "Campos" (Figura 5.9), ela permite realizar as alterações dos campos que estão sendo utilizados para formar o gráfico, possibilitando o acréscimos ou mudança de campos, além de nos dar uma clara visão de onde cada campo está disposto no gráfico, facilitando a criação e o desenvolvimento.

FIGURA 5.9

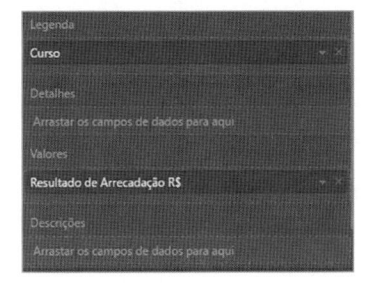

Podemos arrastar o campo "Meta de Arrecadação R$", para dentro do item valores da barra, verifique que ele agrupará os dois campos e poderemos visualizar o resultado no gráfico, onde os valores totais de cada campo, tanto de Resultado de Arrecadação R$ quanto Meta de Arrecadação R$, serão colocados um ao lado do outro de acordo com o curso. (Figura 5.10)

FIGURA 5.10

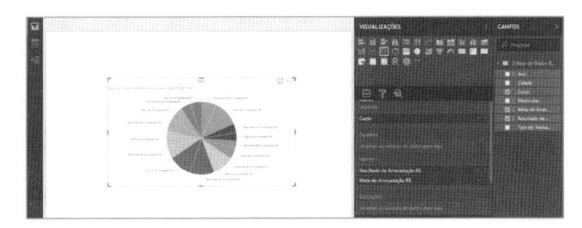

Apesar de o Power BI aceitar essa organização dos dados que fizemos dentro do gráfico setorial, é nítido que a disposição dos valores no gráfico não ficou de fácil leitura, pois esse gráfico não é interessante quando desejamos comparar resultados de um mesmo item em situações ou períodos diferentes, sendo mais prudente utilizar os gráficos de colunas e barras por exemplo.

Desfaça a ação utilizando o botão de desfazer ou somente clicando no botão fechar no campo "Meta de Arrecadação R$" que está na opção "Valores".

Abaixo temos as opções de Filtros, elas permitem que façamos escolhas de visualização dos dados básicas de acordo com campos que formam o gráfico.

Clique no Curso que está abaixo do título "Filtros de nível visual", e será exibida a tela de filtros como podemos ver na Figura 5.11.

FIGURA 5.11

Logo após, marque as opções "Automação" e "Culinária", e veja que o gráfico será alterado para exibição somente desses dados e o quanto cada um representa nesse universo (Figura 5.12).

FIGURA 5.12

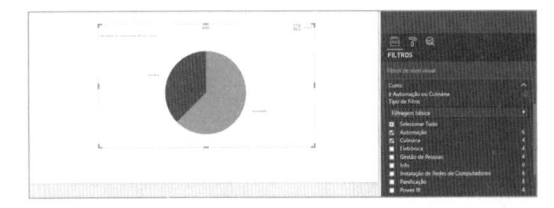

Exploraremos mais sobre os filtros no Capítulo 6, principalmente na utilização deles para os usuários poderem visualizar nos Dashboards.

Volte a exibir todos os itens no gráfico desabilitando as opções "Automação" e "Culinária".

Para que possamos explorar os recursos de formatação do gráfico, clique no botão "Formato da barra Visualização" e serão apresentadas as opções da Figura 5.13.

FIGURA 5.13

A primeira opção que será apresentada é a de "Legenda", automaticamente essa opção vem Inativa e, consequentemente, seus itens desabilitados, ative essa opção e o gráfico exibirá a legenda dos valores e os itens de formatação serão habilitados como podemos ver na Figura 5.14.

FIGURA 5.14

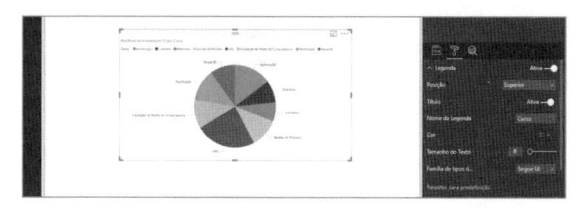

Com os itens habilitados, você poderá alterar as opções de direção da legenda dentro do gráfico, título da legenda, cor da fonte, tamanho do texto e tipo da fonte.

Para efeito de aprendizagem, aplique a formatação de acordo com a Figura 5.15 e veja o resultado no gráfico.

FIGURA 5.15

A próxima opção de Formatação é a das cores do gráfico, você poderá escolher as cores que deseja para formar cada fatia do gráfico de pizza (Figura 5.16). Escolha as cores que desejar, lembrando sempre de manter o seu trabalho de forma profissional de acordo com as regras de negócio da sua organização.

FIGURA 5.16

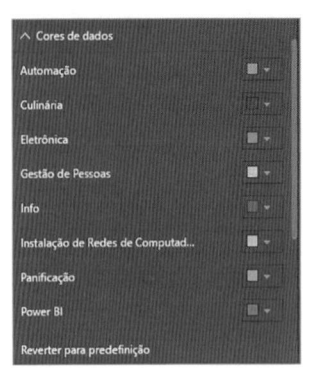

As opções contidas em Etiquetas de detalhes são muito importantes e úteis para o que você deseja exibir de informações no gráfico (Figura 5.17).

FIGURA 5.17

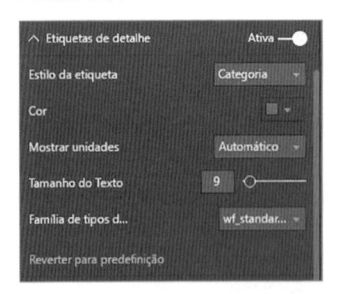

O item Estilo da etiqueta mostra as informações que você deseja exibir no gráfico, como por exemplo o percentual que cada curso representa na arrecadação em R$ (Figura 5.18).

FIGURA 5.18

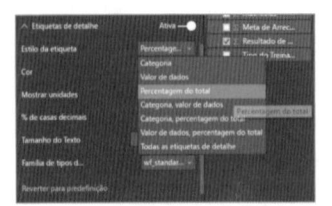

Também é possível alterar a cor da etiqueta, unidade de medida, tamanho e fonte do texto. Aplique a formatação da Figura 5.19 e veja como ficará o gráfico na Figura 5.20.

FIGURA 5.19

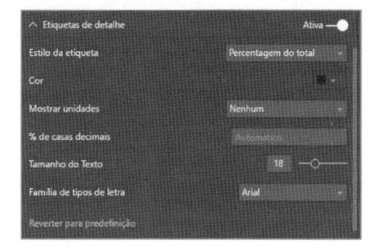

FIGURA 5.20

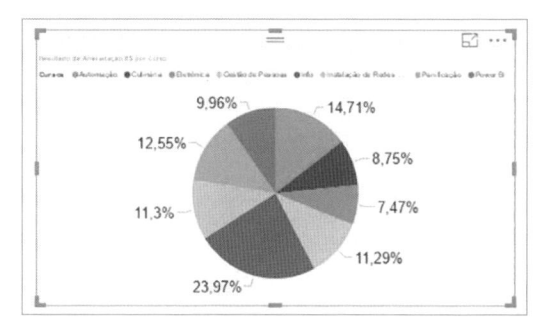

> **OBSERVAÇÃO**
>
> A opção de Mostrar unidade poderá ser personalizada de acordo com a origem da moeda que estamos tratando, o valor, nesse caso é o Real, abordaremos isso mais a frente.

A próxima opção é a de personalização do Título (Figura 5.21), é possível alterar o Título do gráfico, cor e tamanho da fonte, além das cores de fundo e alinhamento do Título.

FIGURA 5.21

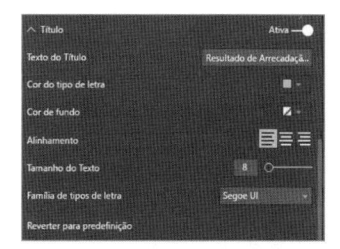

Digite no campo Texto do Título os dizeres: Representação de Arrecadação de R$ por Cidade.

Em seguida aplique a formatação conforme a Figura 5.22.

FIGURA 5.22

Verifique o resultado apresentado na Figura 5.23.

FIGURA 5.23

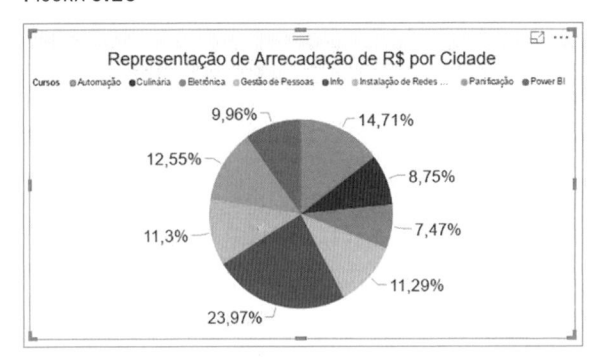

É possível alterar a cor de fundo da área do gráfico, na opção Fundo (Figura 5.24).

FIGURA 5.24

Ative a opção que por padrão aparece Inativa e escolha a cor e o nível de transparência desejado. Veja o exemplo nas Figuras 5.25 e 5.26.

FIGURA 5.25

FIGURA 5.26

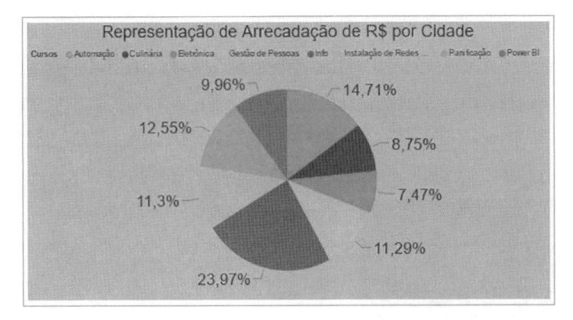

Podemos optar em manter a proporção do gráfico de acordo com os ajustes realizados na página, caso você deseje que tenha essa opção, você poderá ativá-la, mas nesse momento não verá nenhuma alteração, pois a página só possui um gráfico.

FIGURA 5.27

A opção Limite, permite inserir borda no gráfico, Ative essa opção e escolha a cor da borda que deseja incluir nos limites do gráfico (Figuras 5.28 e 5.29).

FIGURA 5.28

FIGURA 5.29

A última opção é a Geral, ela apresenta a edição das dimensões da área do gráfico, no seu tamanho e na posição do gráfico na Página (Figura 5.30).

FIGURA 5.30

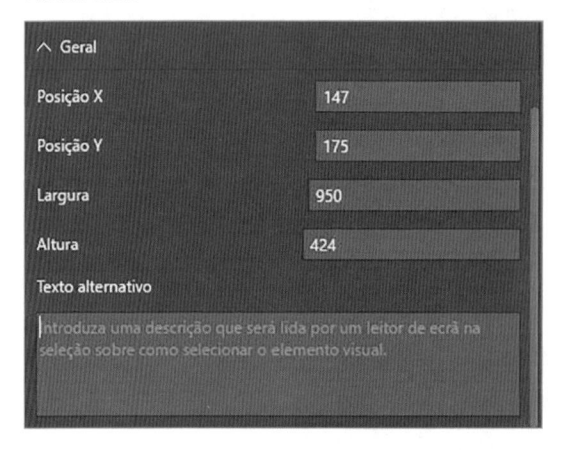

> **OBSERVAÇÃO**
>
> Quase todas as opções apresentadas exibem no final o botão "Reverter para predefinição", essa alternativa permite voltar as configurações de início caso você faça as alterações e deseje voltar ao que era.

O gráfico em Anel apresenta os mesmos recursos de configuração do gráfico Circular, para você alterar os gráficos e verificar o resultado como Anel, clique no Gráfico no desenho do gráfico de Anel na barra Visualizações (Figura 5.31) e veja o resultado apresentado na Figura 5.32.

FIGURA 5.31

FIGURA 5.32

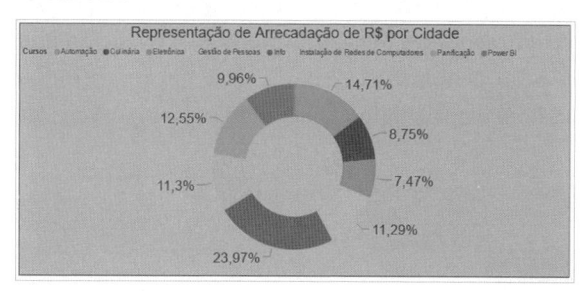

Essas foram as formatações disponíveis para os gráficos Circular e Anel, os próximos gráficos apresentarão recursos diferentes de acordo com a particularidade de cada um, porém recursos iguais não serão abordados com muita riqueza de detalhes pois já foram apresentados nesse tópico.

5.3. GRÁFICOS DE BARRAS E COLUNAS EMPILHADAS

Os gráficos de Barras e Colunas Empilhadas têm por característica principal representar os dados durante um período ou para exibir um comparativo entre itens. Na maioria das vezes, nos gráficos de colunas empilhadas as categorias são distribuídas no eixo horizontal e os valores, no eixo vertical.

Com o gráfico selecionado, na barra de Visualização clique no desenho que representa o Gráfico de Barras Empilhadas, automaticamente o gráfico assumirá forma de Barras na Página (Figura 5.33).

FIGURA 5.33

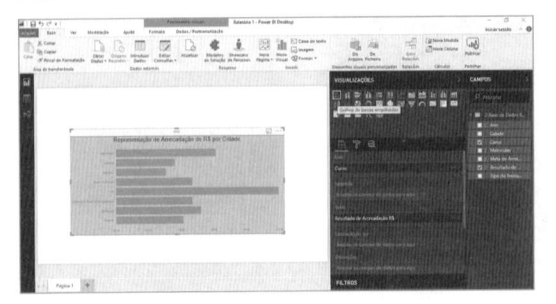

Diferente do Gráfico Circular, a primeira opção é a Geral, que, como vimos anteriormente, apresenta as configurações relativas a dimensões e posicionamento do gráfico. Clique na segunda opção denominada Eixo Y, essa opção, assim como o Eixo X, tem por finalidade exibir propriedades relacionadas ao eixo vertical do gráfico (Figura 5.34).

FIGURA 5.34

Nas configurações do Eixo Y, é possível inverter a posição dele da esquerda para direita (Figura 5.35), além da formatação padrão de cores e tamanho do texto, entre outros. Faça as alterações conforme a Figura 5.36.

FIGURA 5.35

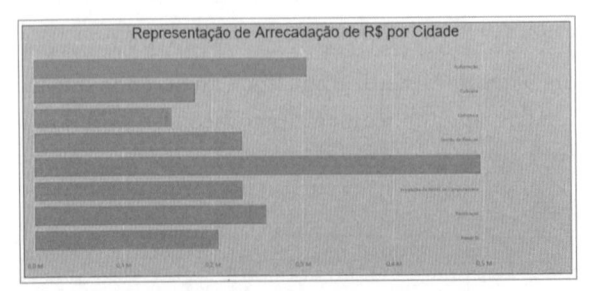

FIGURA 5.36

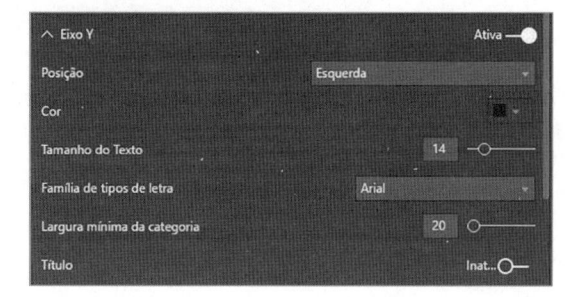

A configuração Título que está em último na opção Eixo Y refere-se ao nome que podemos dar para identificar os dados que formam esse eixo, quando deixamos esse campo ativado podemos observar que serão exibidas mais opções, entre elas a "Título do Eixo", as demais são relacionadas à configuração desse título.

Esse eixo exibe o nome dos cursos que estão na base de dados, como muitas vezes disponibilizamos os gráficos para outras pessoas analisarem as informações contidas no relatório, é prudente sempre que possível identificar o conteúdo apresentado no gráfico. Dessa maneira, digite no campo Título do Eixo os dizeres: Cursos Ofertados.

Aplique as configurações semelhantes às da Figura 5.37 e veja o resultado na Figura 5.38.

FIGURA 5.37

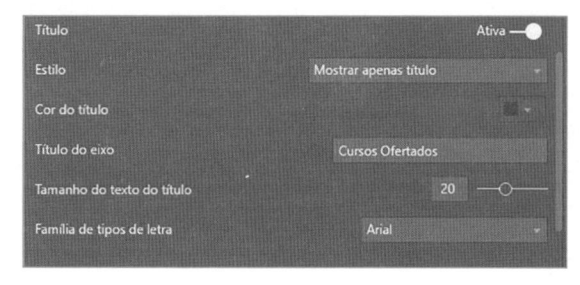

FIGURA 5.38

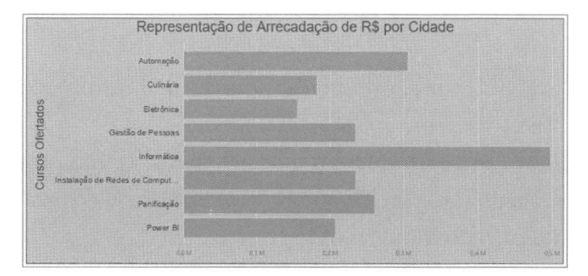

O Eixo X é o horizontal e na maioria das vezes é onde temos a representação dos valores no gráfico de barras empilhadas, por padrão o eixo vem com a escala automática, mas podemos alterá-la conforme nossa necessidade, porém, antes de realizarmos essa alteração, vamos configurar o formato do número que, por padrão, vem automático de acordo com os valores dos dados.

O campo que podemos realizar essa alteração é o de Mostrar Unidades (Figura 5.39), ele apresentará as opções que variam de Milhares até Bilhões e é importante que você saiba a simbologia que aparecerá no gráfico, abaixo destacamos a simbologia e o significado:

- **Nenhum:** Quando escolhemos essa opção, não é acrescentada nenhuma simbologia, e os valores serão exibidos de acordo com a formatação original que está presente na tabela de dados;
- **Milhares:** A representação utilizada em muitos lugares e que está presente no Power BI é K, que significa a multiplicação por mil, nesse caso toda vez que alterarmos para essa representação no gráfico os valores estarão na casa do milhar;
- **Milhões:** Seguindo o mesmo raciocínio do item anterior, representa valores na casa do milhão e é representada pela letra M;
- **Milhares de Milhões:** Essa opção é representada pela sigla bn;
- **Bilhões:** Essa opção será representada pela letra T.

Figura 5.39

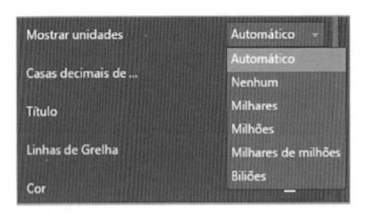

Faça as alterações e veja os resultados que aparecerão no gráfico com as representações de cada símbolo.

Muitas vezes esses símbolos acabam por ser desconhecidos ou não muito representativos para a maioria dos profissionais que analisam as informações dos gráficos contidos em relatórios de Dashboards, ou seja, querem que os valores sejam apresentados com os Símbolos das moedas e de forma tradicional. Para esses casos é possível configurar os valores e visualizar essa representação nos gráficos.

No nosso exemplo, utilizaremos a simbologia do Real no eixo X, para isso teremos que formatar os dados como moeda e Real, e não conseguimos fazer diretamente pelo modo de visualização de Relatório, nesse caso exibiremos o relatório como Dados.

Clique no botão Dados da barra lateral no canto superior esquerdo da Página (Figura 5.40).

FIGURA 5.40

O relatório será exibido em forma de tabela como podemos verificar na Figura 5.41.

FIGURA 5.41

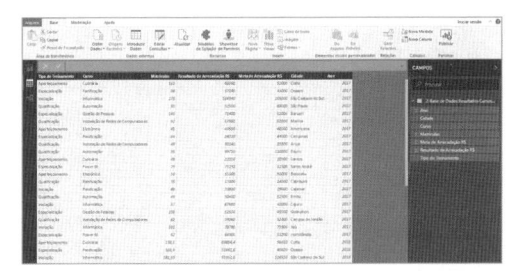

Selecione a coluna do campo Resultado de Arrecadação R$ (Figura 5.42) e, em seguida, clique na Guia Modelação, no grupo Formatação (veja que, nesse modo de exibição do relatório, as opções desse grupo ficam habilitadas), selecione o item Formato que apresenta a simbologia da moeda de vários países (Figura 5.43), encontre a alternativa "R$ Português (Brazil)", será aplicada a formatação de moeda em real para todos valores do campo.

FIGURA 5.42

FIGURA 5.43

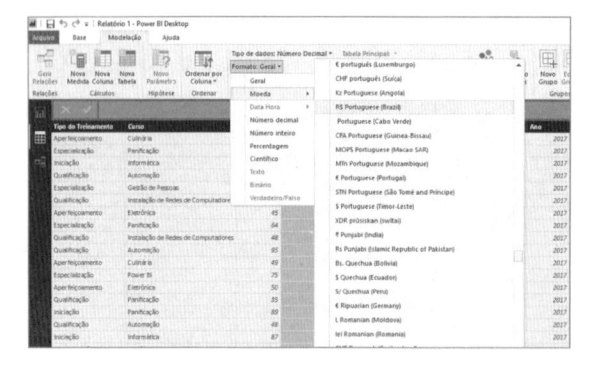

Veja o resultado apresentado na Figura 5.44

FIGURA 5.44

Volte no modo de exibição de Relatório e selecione na opção Mostrar unidades o item "Nenhum", os valores serão alterados no formato de Real no Eixo X do gráfico.

Aplique as formatações da Figura 5.45, para que possamos visualizar os valores de forma mais clara e veja o resultado apresentado na Figura 5.46.

FIGURA 5.45

FIGURA 5.46

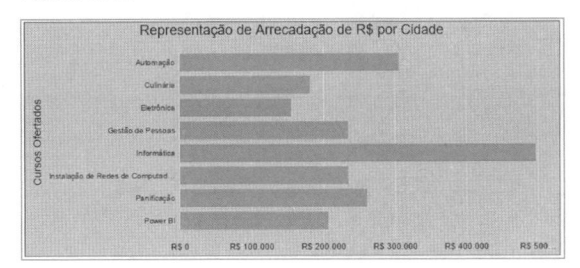

Outra opção apresentada nos gráficos de Barras e Colunas são os limites da escala do eixo: quando criamos o gráfico, automaticamente o Power BI atribui o valor mínimo de 0 e o máximo de acordo com o maior valor apresentado na base de dados. Para personalizar os valores desejados, altere os valores dos campos Início e Fim. Aplique os valores conforme a Figura 5.47 e veja o resultado no gráfico na Figura 5.48.

FIGURA 5.47

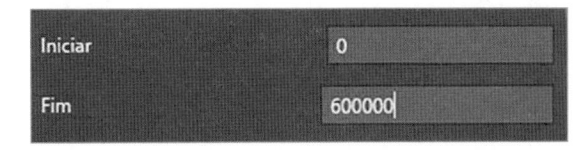

FIGURA 5.48

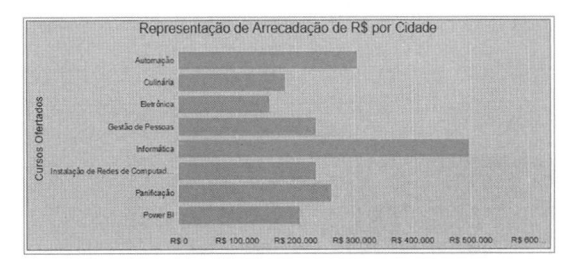

Ainda nas opções do Eixo X, é possível configurar o campo Casas decimais de valores de acordo com a sua necessidade.

Assim como vimos no Eixo Y, é possível atribuir um título para Eixo X e formatá-lo.

Aplique as configurações da Figura 5.49 e veja o resultado na Figura 5.50.

FIGURA 5.49

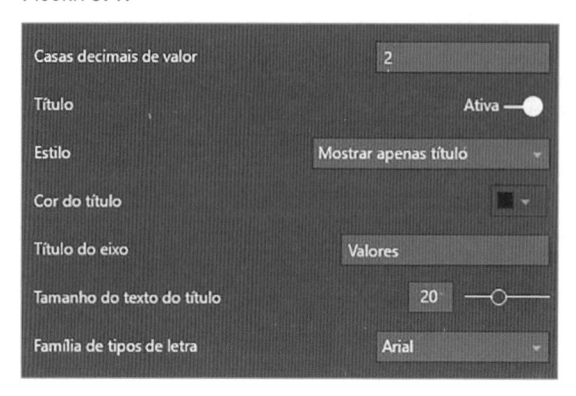

FIGURA 5.50

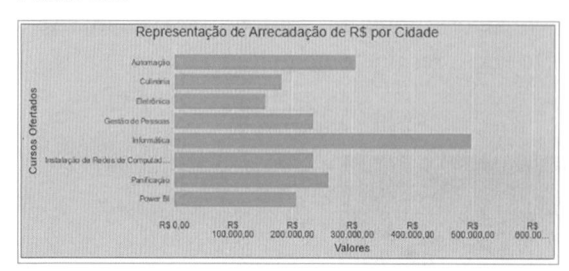

Abaixo é possível configurar as Linhas de Grelha, que são indicadores das escalas de valores do gráfico. Para que possamos verificar nitidamente o efeito que a linha tem no gráfico, configure os campos de acordo com a Figura 5.51 e veja o resultado na Figura 5.52.

FIGURA 5.51

FIGURA 5.52

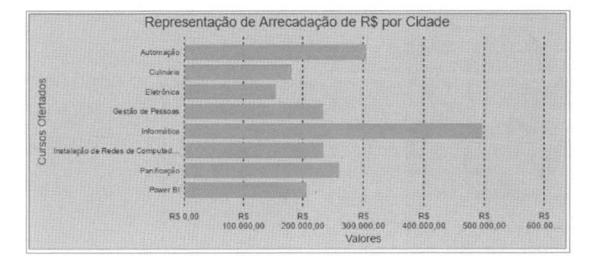

A próxima opção de Cores de Dados permite realizar a alteração da cor das barras de forma geral ou, se preferir, ative a opção para que seja apresentada a edição de cores para cada coluna. (Figura 5.53)

FIGURA 5.53

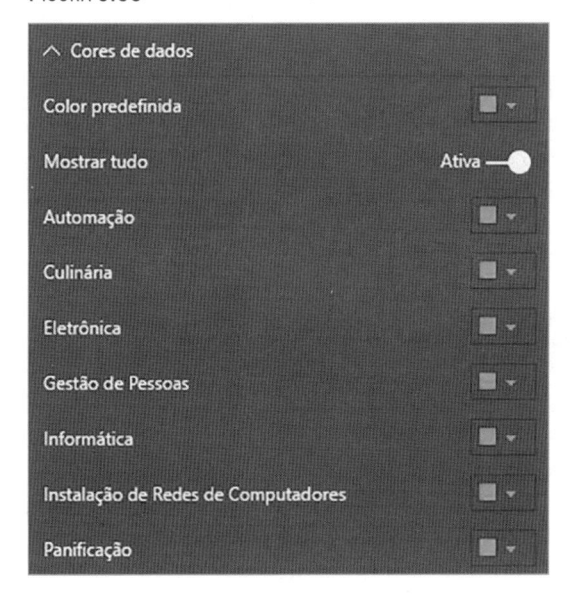

Assim como no gráfico circular, no gráfico de barra temos a Etiqueta de dados que exibe os valores de cada barra, mas, diferentemente da circular, não calcula automaticamente o percentual.

O item Posição na Etiqueta de dados serve para posicionar os valores dentro das barras conforme a necessidade e melhor visualização (Figura 5.54).

FIGURA 5.54

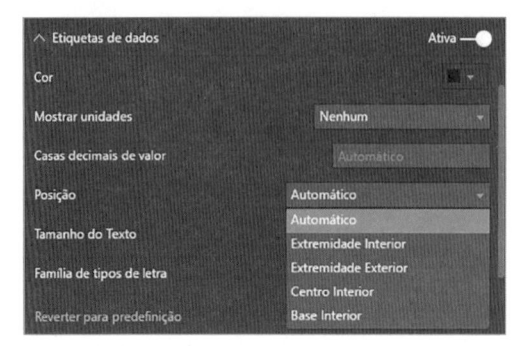

Obs: cuidado para não deixar o gráfico "poluído" com muitos recursos, ou seja, caso você deseje aplicar a Etiqueta de dados, é interessante remover a visualização do eixo de valores, pois teríamos dois recursos de visualização no gráfico que representam a mesma informação.

Nesse momento não aplicaremos essa configuração, marque a opção de Inativa no campo Etiqueta de dados para que ela não seja mostrada no gráfico.

É possível adicionar uma imagem na Área de desenho (Figura 5.55), que é representada pelo quadro de fundo das barras.

FIGURA 5.55

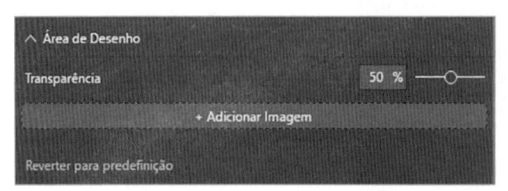

Para que possamos realizar a demonstração dessa ferramenta, escolha uma imagem do seu acervo, no exemplo do livro, utilizaremos uma imagem do logo do Power BI (Figura 5.56).

FIGURA 5.56

Clique no botão Adicionar Imagem, escolha a imagem do acervo e em seguida clique em Abrir. Automaticamente a imagem será inserida no Área de desenho do gráfico. (Figura 5.57)

FIGURA 5.57

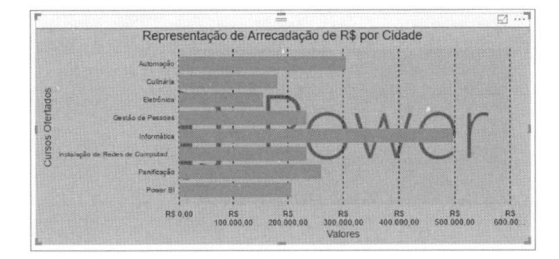

A imagem será inserida de acordo com a sua qualidade, dessa forma é provável que ela ocupe um espaço maior dentro da Área de desenho. Para ajustar o tamanho a área, será apresentada a opção Ajuste de imagem como podemos visualizar na Figura 5.58. Faça a alteração para Ajuste e verifique o resultado na Figura 5.59.

FIGURA 5.58

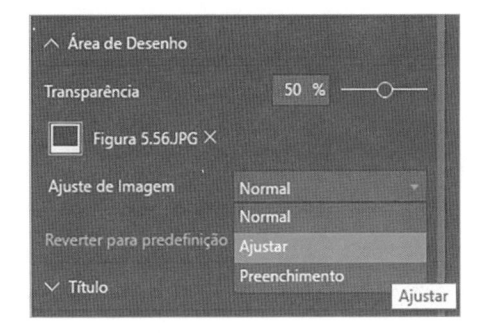

FIGURA 5.59

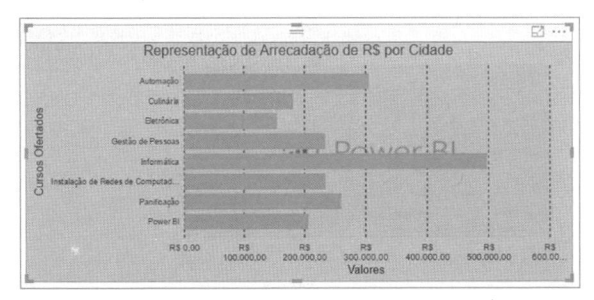

Também é possível diminuir ou aumentar o nível de transparência da imagem dentro da Área de desenho, com o item Transparência que é medido em Porcentagem.

Para retirar a imagem e voltar ao normal, clique no botão fechar que aparece ao lado do nome da imagem no campo Área de desenho (Figura 5.60)

FIGURA 5.60

Remova a imagem da Área do desenho, caso você queira poderá personalizar no desenvolvimento dos seus gráficos posteriormente.

Os Campos Título, Fundo, Manter proporção e Limite do gráfico já abordamos anteriormente no gráfico circular.

No gráfico de Barras ou Colunas, ainda temos disponível a opção Análise, representada pelo botão da Figura 5.61.

FIGURA 5.61

Clique no botão Análise e será apresentada a opção Linha Constante, que permite adicionarmos uma linha representativa no gráfico. Essa linha é muito utilizada quando necessitamos mostrar uma meta a ser alcançada ou um limite a ser apresentado.

Clique no botão Adicionar para que as configurações sejam ativadas de acordo com a Figura 5.62.

FIGURA 5.62

O campo Valor será o valor na escala do gráfico que a linha será criada, digite o valor de 250000 imaginando que seria a meta a ser alcançada de arrecadação de cada curso.

Aplique as configurações de Cor, Transparência e Estilo de linha igual à exibida na Figura 5.63 e veja o resultado no gráfico na Figura 5.64.

FIGURA 5.63

FIGURA 5.64

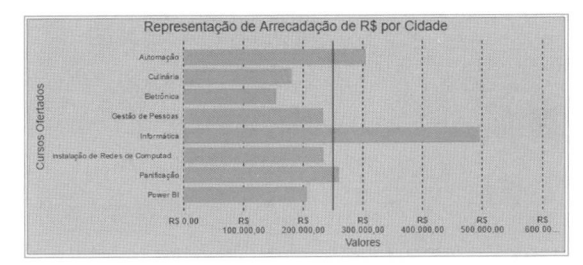

Ainda na Linha Constante, é possível adicionar o valor definido na escala dentro do gráfico. Clique no botão de Ativar Etiqueta de dados da Linha Constante 1, aplique as configurações desejadas de como você deseja exibir essa informação no gráfico. Veja as configurações na Figura 5.65 e o resultado no gráfico na Figura 5.66.

FIGURA 5.65

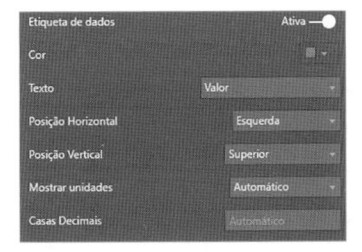

FIGURA 5.66

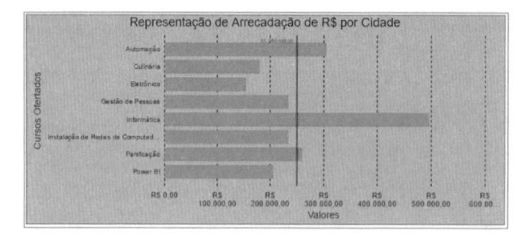

No gráfico de Barras e Colunas Empilhadas podemos acrescentar mais de uma coluna de valores, para esse exemplo na barra de ferramenta Campo marque a opção de "Meta de Arrecadação R$", veja que será adicionada mais uma cor nas barras que representam os valores das metas de cada curso (Figura 5.67). Claro que não seria o ideal realizar a representação dos dados dessa forma, o ideal seria através do gráfico de barras agrupadas que abordaremos mais a frente, o intuito, nesse caso, é de mostrar a ferramenta caso tenhamos que aplicá-la.

FIGURA 5.67

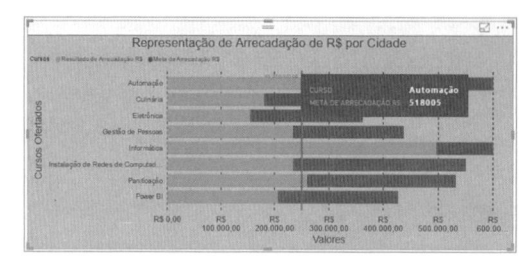

Realizamos a explicação com base no gráfico de barras, a explicação e a configuração é a mesma para o gráfico de colunas empilhadas, clique no botão de Gráfico de Colunas Empilhadas na barra de ferramentas "Visualizações" e veja o resultado na Figura 5.68.

FIGURA 5.68

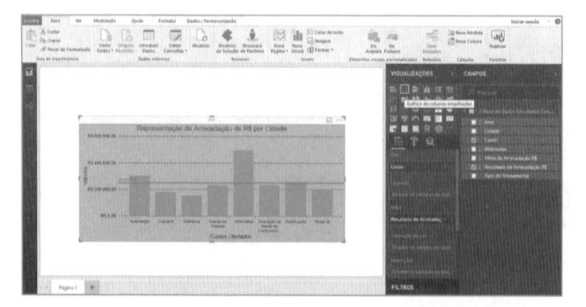

5.4. GRÁFICO DE BARRAS E COLUNAS 100% EMPILHADAS

Os gráficos de Barras e Colunas 100% Empilhadas demonstram o comparativo em porcentagem com os valores que contribuem da soma total entre as categorias.

Com base no exemplo do gráfico anterior, clique no botão Gráfico de colunas 100% Empilhadas na barra de ferramentas de Visualização (Figura 5.69). Você verá que o gráfico será alterado, porém não demonstrará nem uma coluna (Figura 5.70). Isso acontece pois definimos anteriormente o valor máximo de 600000 no eixo Y, e o gráfico de colunas 100% empilhadas converte os valores dos eixos em porcentagem; dessa forma as colunas não aparecem, pois os valores de cada categoria são inferiores aos formados pelo eixo de acordo com o limite que estabelecemos.

Figura 5.69

Figura 5.70

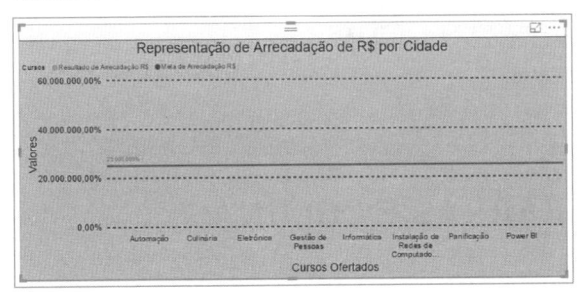

Para alterar a escala de valores do eixo Y, delete o valor 600000 do campo "Fim", e será exibida a palavra automaticamente (Figura 5.71) junto com as barras, porém todas com mesmo nível em 100%.

FIGURA 5.71

Esse gráfico é muito utilizado quando queremos visualizar o percentual de valores de cada item que aparece na coluna das categorias. Mais à frente utilizaremos esse gráfico com melhor aplicação das visualizações dos dados, porém, para esse exemplo de funcionamento, adicionaremos o campo "Meta de Arrecadação R$", veja que os valores são representados em um todo de 100%, não tendo variações de cumprimentos das colunas ou barras, mas sim das cores dentro da barra que apresentam os valores de cada item (Figura 5.72).

FIGURA 5.72

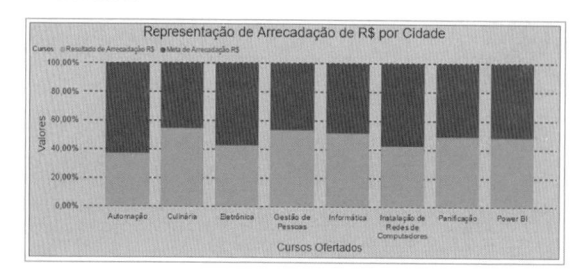

5.5. GRÁFICO DE BARRAS E COLUNAS AGRUPADAS

Continuando com o exemplo anterior, agora demonstraremos as funcionalidades dos gráficos de Barras e Colunas Agrupadas. Esse tipo de gráfico, assim como o de Barras Empilhadas, tem por objetivo ilustrar comparações entre os componentes da sua base de dados. Porém, o que diferencia o gráfico agrupado, é que nele será criada uma barra para cada coluna de valores, isso é muito útil, principalmente quando queremos comparar itens de um mesmo seguimento em tempos ou ações diferentes.

Altere o gráfico do exemplo anterior para a visualização de Gráfico de colunas agrupadas, o resultado será igual ao da Figura 5.73.

Veja que temos duas cores de colunas, onde a verde é a arrecadação em R$ e a grafite é a da meta em R$ estipulada para cada curso. Dessa maneira é mais fácil enxergar e avaliar as situações apresentadas pelos dados.

FIGURA 5.73

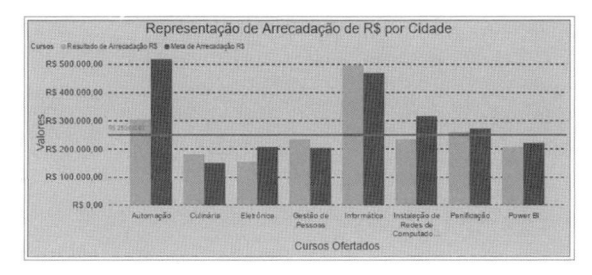

Assim como os gráficos de barras e colunas empilhadas, a maior parte das configurações se mantém igual, e por esse motivo não as abordaremos novamente aqui. A única ferramenta de maior destaque, que se diferencia dos demais gráficos, é a disponibilidade de mais linhas de análises como podemos ver na Figura 5.74.

FIGURA 5.74

Neste exemplo incrementaremos no gráfico a linha de análise de valor mínimo, essa linha tem por objetivo criar um indicador no gráfico permitindo a visualização do menor valor contido nas colunas.

Clique no botão Adicionar localizado abaixo do campo "Linha Mín".

Serão apresentados os campos de configuração da Linha de análise mínima.

Altere o nome da linha para "Menor valor de arrecadação R$".

Preencha os demais campos de acordo com a Figura 5.75 e abaixo ative a opção "Etiqueta de dados", para inserir as informações da linha no gráfico (Figura 5.76).

FIGURA 5.75

FIGURA 5.76

> **OBSERVAÇÃO**
>
> A opção "Medida" apresenta os campos de valores que compõem o gráfico, quando temos mais de um campo, é possível selecionar o campo desejado para representar os valores na linha.

Após as configurações das opções, veja o resultado que será exibido na Figura 5.77.

FIGURA 5.77

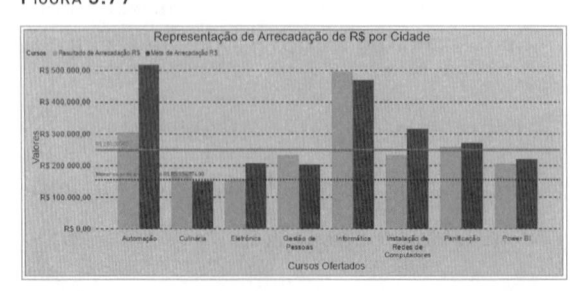

As demais linhas de análise seguem o mesmo princípio, procure implementar as linhas de acordo com suas necessidades, lembre-se de não encher de informação o gráfico para que ele não fique poluído e de difícil interpretação.

5.6. GRÁFICO DE DISPERSÃO

O gráfico de dispersão é muito utilizado na representação de dados científicos e estatísticos, pois com ele é possível comparar valores distintos, mostrando as similaridades e correlações entre eles e, dessa forma, enxergando vários cenários em um mesmo contexto.

No exemplo de dados que estamos trabalhando, temos as colunas que demonstram os valores arrecadados e o total de matrículas realizadas. Na aplicação do gráfico de dispersão, realizaremos uma correlação para saber se existe uma relação do total de matrículas com o valor arrecadado, ou seja, se realmente os cursos em que temos mais matrículas é o que arrecadamos mais dinheiro, ou se essa relação não é necessariamente determinante para o resultado de arrecadação.

Para mantermos nesse arquivo o exemplo dos gráficos que estamos conhecendo, iremos criá-lo em outra página.

Clique no Botão "+", localizado no canto inferior ao lado da Página 1, e será inserida uma nova página em branco como podemos visualizar na Figura 5.78.

FIGURA 5.78

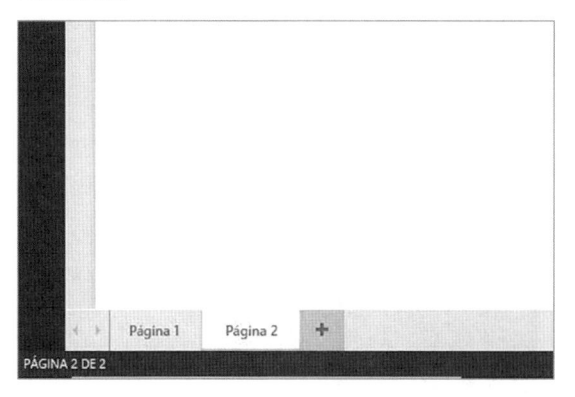

Antes de começarmos a trabalhar com o gráfico de dispersão, vamos alterar o nome das duas páginas que criamos, para isso, clique com o botão direito do mouse em cima da "Página 1", e serão exibidas quatro opções como podemos ver na Figura 5.79.

FIGURA 5.79

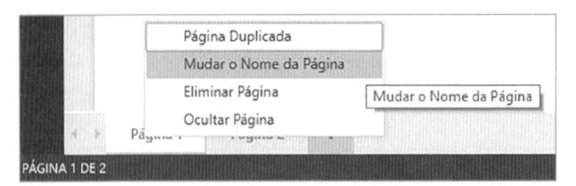

- **Página Duplicada:** Permite criar uma cópia da página que está selecionada;
- **Mudar o Nome da Página:** É possível alterar o nome da página para que você possa se organizar mais facilmente com as páginas criadas;
- **Eliminar Página:** Exclui a página selecionada;
- **Ocultar Página:** Você poderá usar essa opção caso não queira deixar muitas páginas em exibição enquanto constrói o seu relatório.

Altere o nome da Página 1 para "Gráfico de Coluna" e da Página 2 para "Gráfico de Dispersão".

FIGURA 5.80

Insira um Novo Visual na Página.

Altere o visual para o gráfico de dispersão clicando no desenho da barra de visualização como podemos ver na Figura 5.81.

FIGURA 5.81

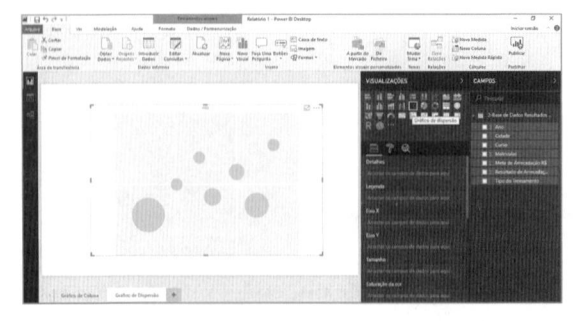

Arraste o campo "Curso" para Detalhes, o campo "Matrículas" para o Eixo X e, por fim, o campo "Resultado de Arrecadação R$".

FIGURA 5.82

Veja o resultado na Figura 5.83.

FIGURA 5.83

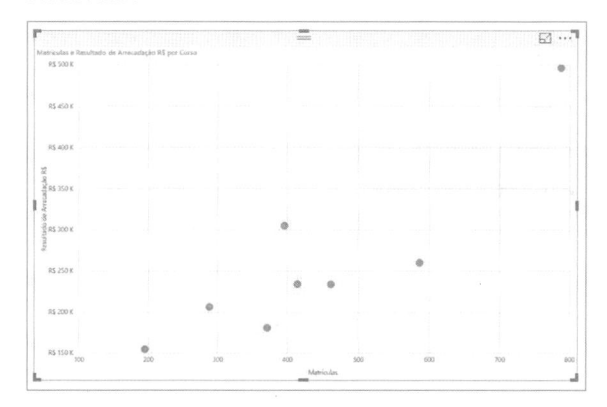

No gráfico podemos analisar que o Eixo Y (Vertical) representa os valores Arrecadados em R$, já o Eixo X (horizontal) representa a quantidade de matrículas. Já dentro do gráfico, cada ponto representa um curso e sua posição na área do gráfico é a intersecção entre o total Arrecadado em R$ em relação ao total de matrículas. Exemplo:

Na Figura 5.84 é possível observar que a maior Arrecadação em R$ é a do Curso de Informática com o valor de R$ 496.636,80, e também é onde temos o maior número de matriculados com um total de 787 matrículas. Porém, isso não é uma tendência nos outros cursos, o segundo curso com maior valor de arrecadação em R$ é o de Automação com valor de R$ 304.785,60 e com 394 matriculados (Figura 5.85), quantidade inferior aos cursos de instalação de Redes de Computadores, Gestão de Pessoas e Panificação.

Figura 5.84

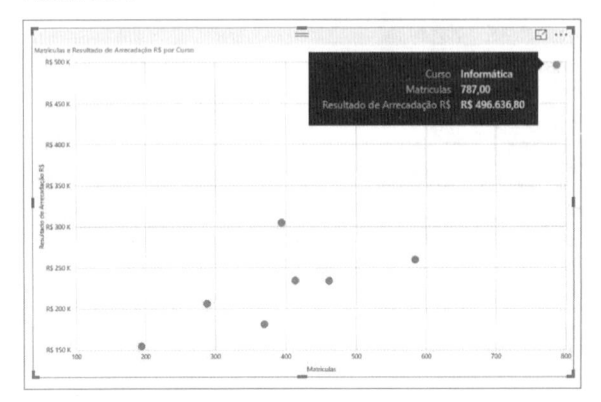

Figura 5.85

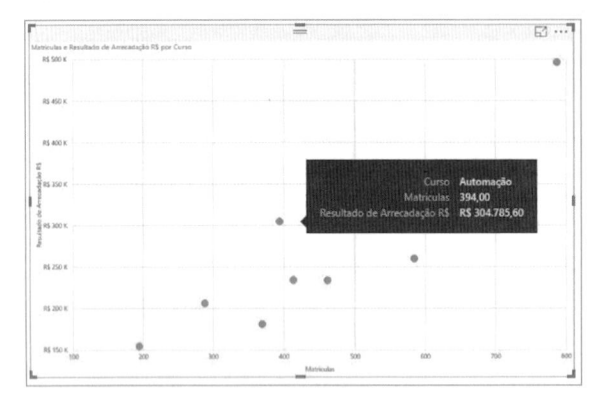

Agora que conseguimos interpretar o gráfico de dispersão, vamos formatar o gráfico. Assim como nos gráficos anteriores, o gráfico de dispersão tem muitas ferramentas parecidas que não exploraremos na explicação, porém, aplicaremos formatação para melhorar a aparência do gráfico.

Altere as configurações de formatação do Eixo X e do Eixo Y igual as Figuras 5.86 e 5.87.

FIGURA 5.86

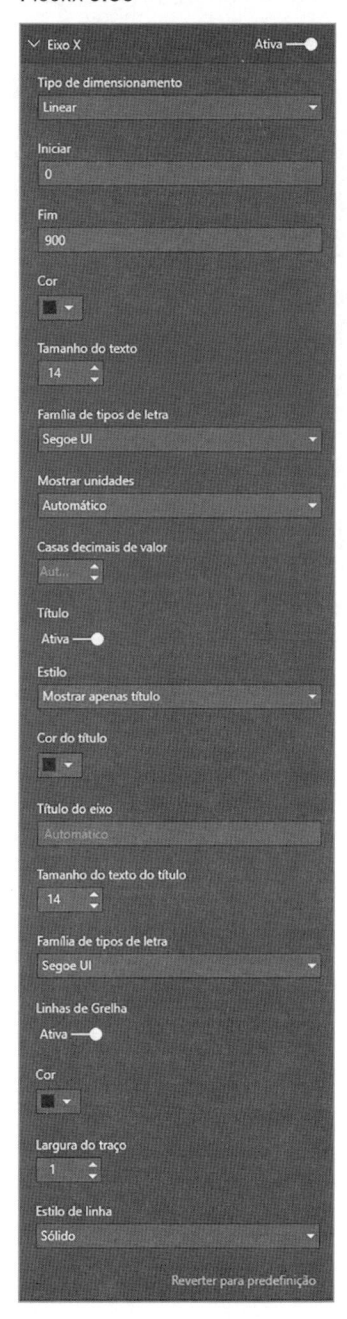

FIGURA 5.87

Na opção "Formas" é possível mudar a forma geométrica dos indicadores do gráfico, além de alterar o tamanho como é apresentada na Figura 5.88.

FIGURA 5.88

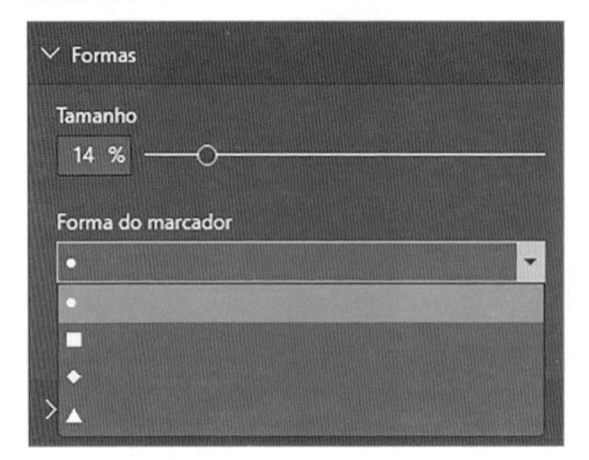

Ative a opção Etiqueta de categoria, para que possa ser exibido o nome das categorias dentro do gráfico e realce as informações com a cor de fundo de texto seguindo as configurações da Figura 5.89.

FIGURA 5.89

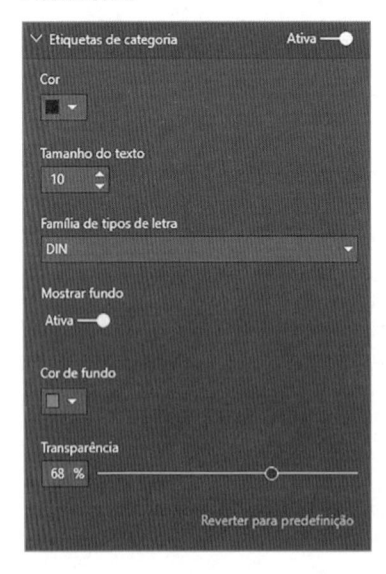

As opções "Ponto de preenchimento" e "Cor por categoria" permitem retirar o preenchimento dos pontos indicadores no gráfico, ou alterar as cores para que cada ponto tenha sua cor individual.

Altere para "Ativa" na opção "Cor por categoria" e visualize o resultado dessa alteração e das anteriores na Figura 5.90.

FIGURA 5.90

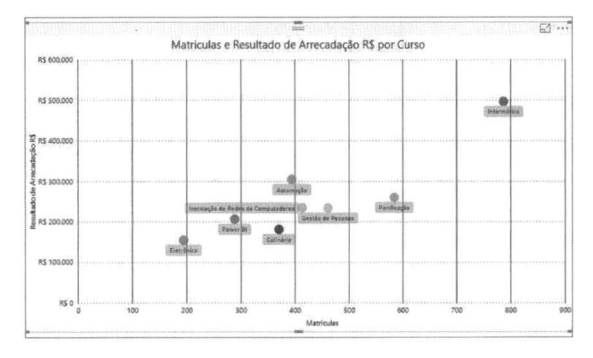

OBSERVAÇÃO

Também é possível adicionar uma cor de fundo na opção Fundo.

Na opção "análise" são apresentadas muitas alternativas de linhas que podem ser inseridas no gráfico para facilitar a análise (Figura 5.91).

FIGURA 5.91

No nosso exemplo aplicaremos a linha de tendência, que traça uma linha reta entre os pontos para que se possa analisar a situação dos dados apurados, como, por exemplo, se houve um crescente.

Figura 5.92

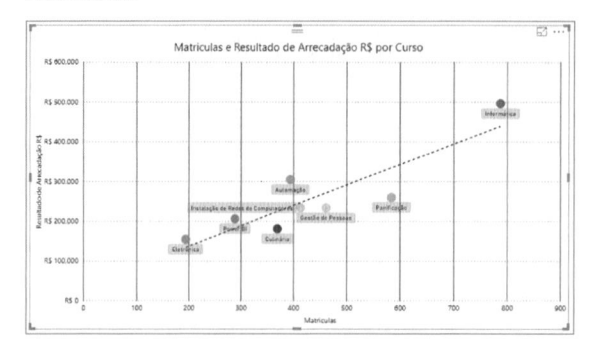

A linha de tendência é mais utilizada quando queremos analisar uma situação que envolve tempo, para que possamos saber suas alterações conforme a evolução do período.

5.7. GRÁFICO DE FUNIL

O gráfico de funil é utilizado para demonstrar os valores em uma determinada ordem, na maior parte das vezes em ordem crescente de cima para baixo, dando a impressão do aspecto de funil.

Para que possamos ver o funcionamento desse gráfico, criaremos uma nova Página com o nome de Gráfico de Funil, em seguida adicionar um Novo Visual.

Com o novo visual selecionado, clique no gráfico de Funil localizado na barra de Visualizações.

Agora, adicionaremos os campos que irão compor esse gráfico. O objetivo do gráfico será de demonstrar a quantidade de alunos matriculados por cidade, partindo da cidade com o maior número até a cidade com menos número.

Marque os campos Cidade e Matrículas e verifique se eles aparecem dentro da barra Campo conforme a Figura 5.93.

FIGURA 5.93

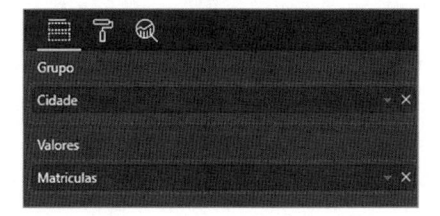

Após a verificação dos campos, veja o resultado do gráfico de Funil, faça as alterações nas configurações de tamanho e cor de fonte conforme desejado e visualize a representação dos dados conforme a Figura 5.94.

FIGURA 5.94

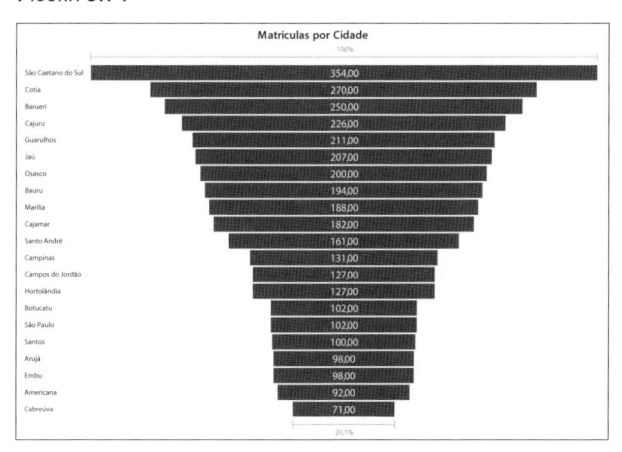

Quando aproximamos o mouse de qualquer barra referente as cidades, é apresentada uma breve descrição e análise de percentual dos dados. Perceba na Figura 5.95 que, ao aproximar o cursor do mouse na barra da cidade Barueri, são exibidos o total de matrículas e o percentual de representação em relação ao maior valor e em relação ao valor anterior.

FIGURA 5.95

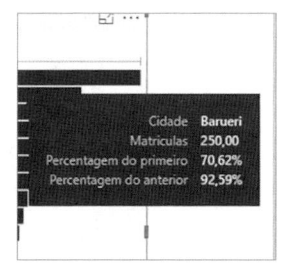

5.8. GRÁFICO TREEMAP

O Gráfico Treemap, também conhecido como Mapa de Árvores, é um tipo de gráfico que apresenta os dados de forma hierárquica para que se possa interpretar padrões: são exibidos retângulos que de acordo com o seu tamanho representam o valor de determinado item, e suas cores são as categorias, sendo muito utilizadas para comparar proporções em um nível hierárquico.

Crie uma nova página e dê o nome de Gráfico de Treemap.

Insira um novo visual na página.

Criaremos o Gráfico Treemap com os campos "Curso" e "Matrículas", para que possamos analisar em qual curso se concentra o maior número de matrículas.

Marque as opções "Curso" e "Matrículas", visualize o resultado e configure conforme a necessidade, a visualização será semelhante à Figura 5.96.

FIGURA 5.96

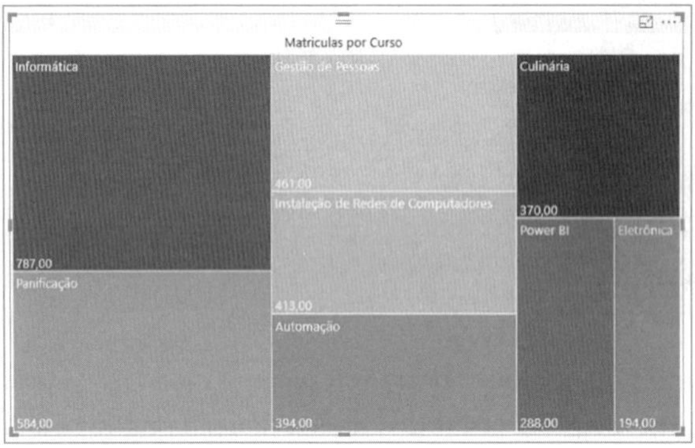

Você perceberá que as formas mudarão conforme a alteração de tamanho do gráfico, porém essa mudança é dinâmica e não afeta os padrões de valores do gráfico, sendo somente um fator de acomodação dos retângulos.

5.9. GRÁFICO DE CASCATA

O gráfico de Cascata exibe um valor total acumulado e suas alterações à medida que os valores são alterados positiva ou negativamente ao longo de um período, dessa forma podemos analisar o resultado final e verificar realmente a variação dos valores.

O gráfico é composto por colunas dispostas em dois eixos, o dos valores e categorias, as colunas apresentam duas ou mais cores, de acordo com os valores positivos, negativos e em alguns casos totais. As colunas de valor inicial e final ficam rente aos eixos, as demais são flutuantes e demonstram mudança dos resultados.

Para verificarmos na prática o funcionamento desse gráfico, novamente crie uma página e dê o nome de Gráfico de Cascata.

Inseriremos um novo visual com os campos "Tipos de Treinamentos" e "Matrículas".

Observe na Figura 5.97 o resultado apresentado, que demonstra a representação dos dados de matrícula de cada tipo de treinamento em cascata, possibilitando a formação do total na última coluna.

É importante salientar que esse gráfico é mais utilizado em situações que apresentem valores negativos, pois dessa forma é possível analisar a subtração dos valores e verificar a sua relevância e como ela incide sobre o total.

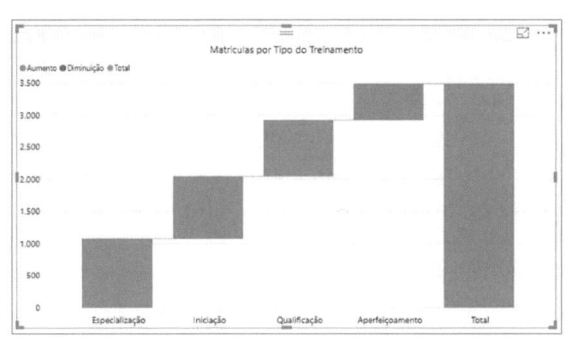

FIGURA 5.97

5.10. GRÁFICO DE LINHAS

Utilizamos o gráfico de linha principalmente quando desejamos demonstrar a evolução dos dados em determinados períodos ou também para comparações.

No gráfico de linhas, os dados de categorias são distribuídos na abrangência do eixo horizontal e os valores dispostos no eixo vertical, para demonstrar ideias das tendências dos dados em um mesmo intervalo.

No exemplo a seguir, criaremos o gráfico de linha para demonstrar a comparação dos valores totais referentes a meta a ser atingida e o valor de arrecadação por curso.

Insira uma nova página e um novo visual.

Clique no ícone do gráfico de linha na barra de ferramentas de visualização, em seguida marque os campos "Curso", "Meta de Arrecadação R$" e "Resultado de Arrecadação R$", veja que o gráfico será criado com duas linhas que apresentam os campos Meta e Resultado.

Figura 5.98

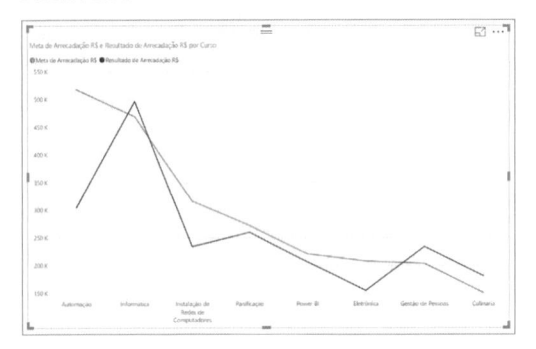

Cada ponto de intersecção representa um curso e sua posição no eixo vertical, o valor.

Nesse caso, o ideal é termos os marcadores que possam nos indicar o ponto de representação com maior nitidez. Para adicionar os marcadores, vá na opção Formas e marque a opção "Ativa" no item "Mostrar marcador", adicione a forma do marcador desejado e aplique as configurações de tamanho de marcador e largura do traço conforme a Figura 5.99.

Figura 5.99

Veja se o resultado é semelhante ao da Figura 5.100.

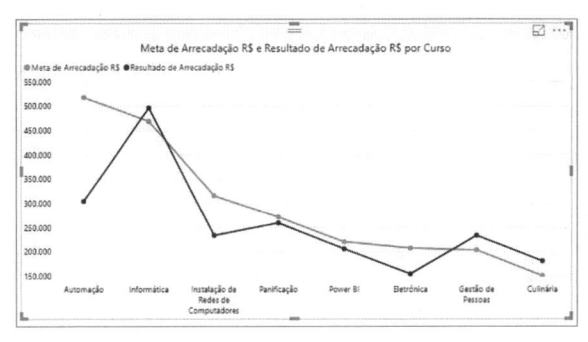

FIGURA 5.100

Aplique as outras formatações conforme sua necessidade.

5.11. GRÁFICOS DE LINHAS E COLUNAS EMPILHADAS E AGRUPADAS

Partindo do mesmo exemplo do gráfico de linha acima, aplicaremos a combinação dos gráficos de colunas e linhas.

Esse tipo de combinação é interessante quando queremos interpretar dados que sejam variados, ou seja, que não partam do mesmo seguimento de valores. No exemplo a seguir, demonstraremos a relação dos valores de arrecadação com a quantidade de matrículas por curso.

Novamente insira uma página com o nome de "Gráfico de linha e coluna" — Combinação e um novo visual.

Selecione a opção de "Gráfico de linhas e de colunas empilhadas" e marque os campos "Curso", "Matrículas" e "Resultado de Arrecadação R$".

Perceba que, ao criar o gráfico, a linha não será exibida de imediato, somente em colunas. Para que seja alterada a coluna desejada em linha, selecione e arraste o campo "Matrículas" para opção de "Valores de linha", como podemos observar na Figura 5.101.

FIGURA 5.101

Veja que a linha que representa os valores da Matrícula será adicionada ao gráfico, e também serão gerados valores relacionados às matrículas no eixo vertical do lado direito.

FIGURA 5.102

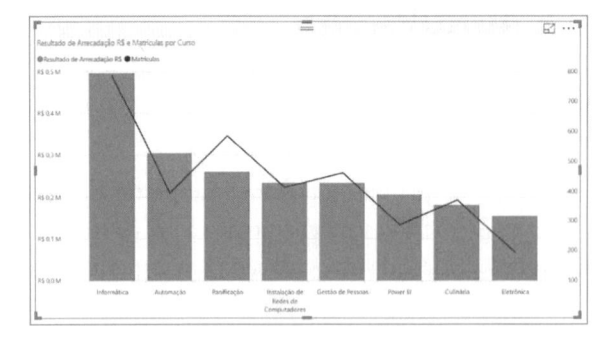

Assim como nas configurações dos gráficos anteriores, realize as formatações de tamanho e estilo de fonte e, para melhor visualização e design do gráfico, aplique as alterações da Figura 5.103 que são relacionadas às Formas referentes à linha do gráfico e verifique se o resultado se assemelha a Figura 5.104.

FIGURA 5.103

FIGURA 5.104

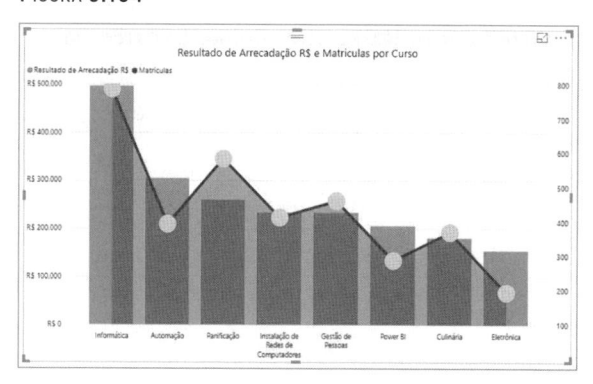

Na aplicação da opção do gráfico em agrupadas, é interessante quando o gráfico for composto por mais de uma coluna de valores, como, por exemplo, se adicionarmos o campo "Meta de arrecadação" para termos a comparação dos valores, nesse caso o gráfico de colunas Empilhadas não teria o mesmo resultado de análise, sendo necessário converter para o gráfico agrupado.

Adicione o campo "Meta de Arrecadação R$" e altere a visualização do gráfico para de linhas e colunas agrupadas e veja o resultado na Figura 5.105.

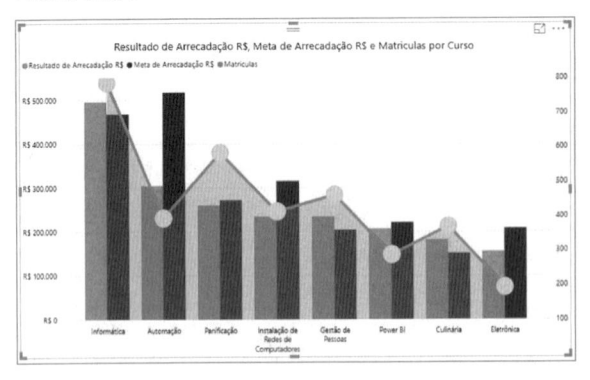

FIGURA 5.105

5.12. GRÁFICO DO FRISO

Esse tipo de gráfico tem como principal característica a visualização das categorias de valores de acordo com a sua classificação sempre de maior valor, ou seja, os valores do mesmo item da categoria são automaticamente classificados e será exibido o valor maior acima do valor menor.

Para podermos verificar na prática o funcionamento deste gráfico, utilizaremos os valores dos campos "Meta de Arrecadação R$" e "Resultado de Arrecadação R$ por cidade", que gerarão duas colunas de cores diferentes que representam os valores, porém de acordo com o maior valor será demonstrado acima ou abaixo.

Crie uma nova página com o nome de "Gráfico de Friso" e em seguida adicione um novo visual e selecione a opção "Gráfico de Friso" na barra de Visualizações.

Selecione os campos "Cidades", "Meta de Arrecadação R$" e "Resultado de Arrecadação R$" e veja o resultado que será apresentado, igual à Figura 5.106.

FIGURA 5.106

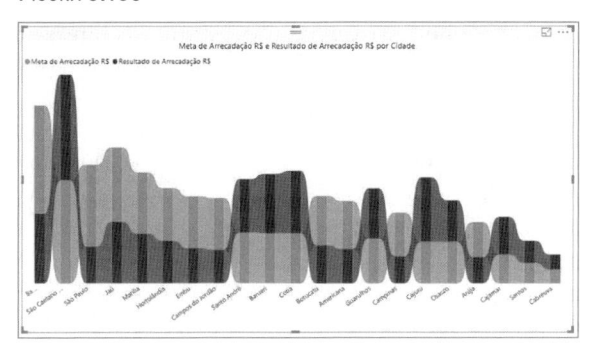

Analisando o gráfico, perceba que os dados da primeira cidade que é Bauru apresentam na parte de cima o valor referente a meta de arrecadação (coluna verde) e abaixo, a coluna que representa o resultado de arrecadação (coluna grafite). Isso permite observar que as colunas grafites que estão acima atingiram o resultado da meta estabelecida, e as abaixo, não, essa oscilação é realizada automaticamente de acordo com a atualização dos valores.

O gráfico ainda demonstra uma comparação em relação as cidades, quando deixamos o cursor próximo a "bolha" formada no intervalo entre uma cidade e outra, é possível verificar um comparativo de percentual entre os valores de ambos.

FIGURA 5.107

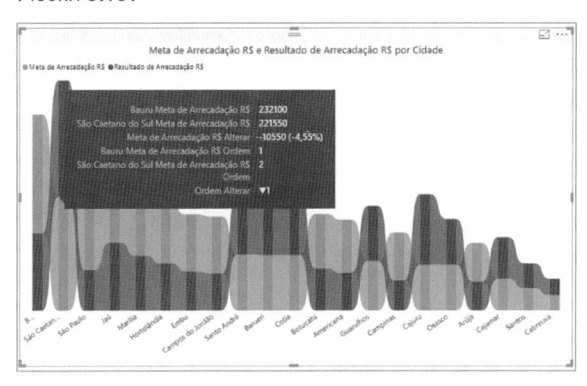

5.13. GRÁFICO DE ÁREA E ÁREA EMPILHADA

O gráfico de área permite com que sejam analisadas até três situações em um só gráfico quando está relacionado a tempo, pois podemos verificar o desempenho das categorias, o desempenho do período e o desempenho total.

No gráfico de área os dados são organizados entre os eixos vertical e horizontal: no eixo vertical são organizados os valores e no horizontal, as categorias. É interessante termos os dados das categorias em dois ou mais intervalos de tempo, para que seja formada mais de uma área e, assim, possamos comparar o volume da área de cada um.

No nosso exemplo, utilizaremos os campos "Ano", "Resultado de Arrecadação R$" e "Tipo do Treinamento", o objetivo será identificar em qual seguimento de treinamento obtivemos o maior resultado e depois em qual dos anos foi mais satisfatório em termos de resultado.

Insira uma nova página com o nome de "Gráfico de Área" e em seguida adicione um novo visual e selecione a opção "Gráfico de Área" na barra de Visualizações.

Selecione os campos "Ano", "Resultado de Arrecadação R$" e "Tipo de Treinamento".

Faça a disposição dos campos conforme a Figura 5.108, onde o Eixo deverá conter o tipo de treinamento, pois serão as categorias do eixo horizontal, a legenda será a medida de tempo, que nesse caso será o campo "Ano", que armazena os resultados dos anos de 2017 e 2018, os valores serão as "Arrecadações totais dos anos".

Figura 5.108

Veja o resultado que será semelhante à Figura 5.109.

Figura 5.109

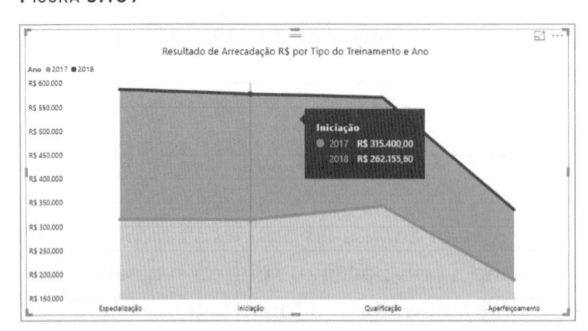

OBSERVAÇÃO

Veja que na Figura 5.109 a impressão é de que os melhores resultados são os do ano de 2018, porém, se aproximarmos o cursor nos pontos de cada categoria no gráfico, veremos que o total de resultado de 2017 é maior. Isso ocorre pois a configuração da categoria do eixo vertical está automática e o menor valor está apresentando R$ 150.000. Dessa forma, é importante que seja alterado o valor inicial do Eixo Y para 0, como podemos ver na Figura 5.110. Automaticamente o gráfico sofrerá uma alteração e exibirá realmente a representação certa dos dados. Veja o resultado do gráfico na Figura 5.111.

FIGURA 5.110

FIGURA 5.111

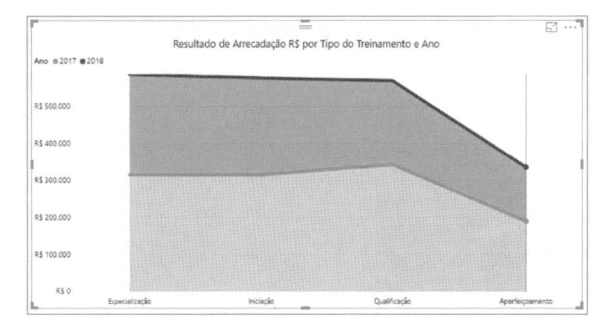

Com base na representação gráfica é possível visualizar que o treinamento de Especialização é o que arrecadou mais dinheiro na somatória dos anos, e que no ano de 2017 obteve-se a maior arrecadação.

5.14. GRÁFICO DE MAPA E MAPAS DE MANCHA

Os gráficos de mapas são uma ferramenta de visualização de dados no mapa mundo que fornecem uma experiência grandiosa na análise de dados, que não pode ser explorada nos tradicionais gráficos. O visual de mapa permite traçar dados geográficos e temporais visualmente.

É importante enfatizar que, para utilizar os gráficos de mapas, é necessário ter um campo na base de dados que faça referência a Países, Estados, Cidades etc, para que dessa forma o Power BI possa identificar junto ao Bing, que é o site de busca da Microsoft, e realizar a sincronização com o mapa.

Os estilos de visualização dos dados nos mapas são classificados em dois:

Gráfico de mapa: esse estilo demonstra os dados no mapa em forma de bolhas, como podemos ver na Figura 5.112.

FIGURA 5.112

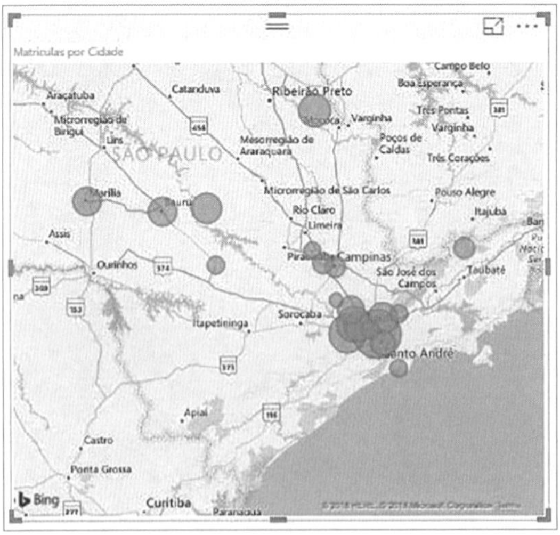

Gráfico mapa de machas: com esse estilo a região geométrica dos dados é marcada em sua totalidade e destacada pelas cores (manchas), de acordo com o seu volume de valores.

FIGURA 5.113

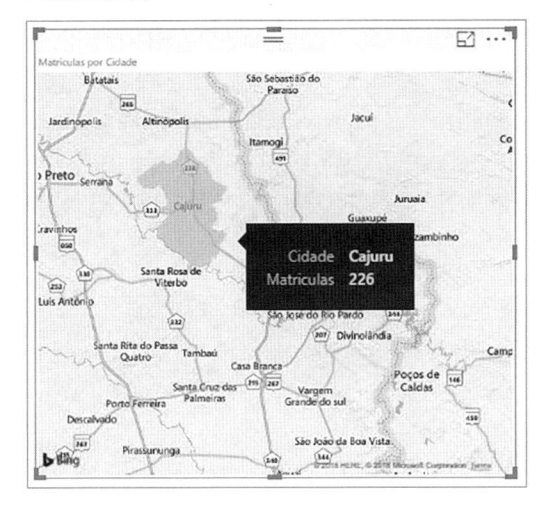

Abordaremos as duas visualizações de gráficos na mesma página.

Insira uma nova página e renomeie para "Gráfico de Mapa" e insira o primeiro visual de Mapa.

Marque os campos "Cidade" e "Matrícula".

O gráfico será exibido automaticamente, porém, como os dados são de cidades, será necessário aplicar o zoom para aproximar o mapa. Utilizando o scroll do mouse, aproxime a visualização que permite ter um panorama dos dados como podemos ver na Figura 5.114.

FIGURA 5.114

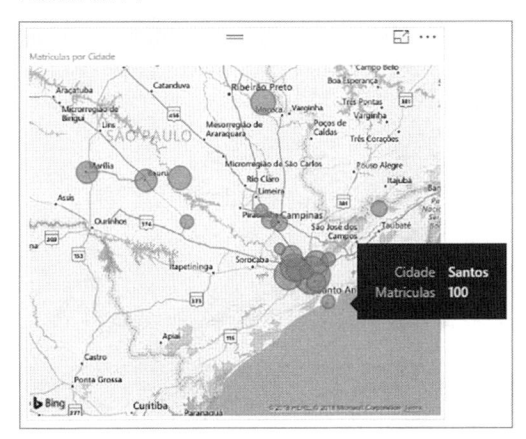

Podemos observar que as bolhas criadas dentro do mapa ficam na região de cada cidade e que a quantidade de matrículas definem o tamanho da bolha, quanto maior o número, maiores serão as dimensões da bolha.

As configurações de formatação do gráfico são quase todas iguais as anteriores, o único destaque que podemos diferenciar é a configuração "Estilos do mapa" (Figura 5.115) que permite alterar a visualização do mapa. Abaixo listamos as opções e o resultado de cada uma nas imagens:

FIGURA 5.115

Vista Aérea

FIGURA 5.116

Escuro

FIGURA 5.117

Claro

FIGURA 5.118

Escala de Cinzentos

FIGURA 5.119

Estrada

FIGURA 5.120

Insira um novo visual para o gráfico mapa de manchas e adicione os campos "Cidade" e "Matrículas".

Como foi dito, esse gráfico pinta toda a região de referência no mapa e, de acordo com o valor, define a tonalidade de cores conforme sua escolha, como podemos verificar na Figura 5.121.

FIGURA 5.121

> **OBSERVAÇÃO**
>
> As cores para representação de valor mínimo e máximo foram escolhidas na opção "Cores de dados" como podemos ver na Figura 5.122.

FIGURA 5.122

5.15. GRÁFICO DE MEDIDOR

O gráfico de medidor é semelhante a um gráfico de velocímetro, ele permite a realização do acompanhamento de determinado indicador (KPI), a fim de ver o progresso do item até a meta estabelecida.

O gráfico é formado por um arco, em seu preenchimento temos uma barra de progresso que representa o valor atual total do campo de valores escolhido, nas extremidades do arco temos os valores mínimos e máximos definidos automaticamente ou de forma manual pelo usuário. A composição permite colocarmos um valor de Destino que seria a meta desejada, dessa forma uma agulha é traçada no ponto do arco que representa esse valor, o que possibilita o acompanhamento e progresso dos valores para atingir o objetivo.

Insira uma página com nome de "Gráfico Medidor" e adicione um novo visual.

Esse tipo de gráfico permite maior aplicação e resultado quando trabalhamos de forma interativa com os filtros e segmentação de dados, porém veremos esse tema no próximo capítulo.

Para que possamos entender o funcionamento desse gráfico sem atropelar etapas, vamos imaginar que na somatória dos dois anos (2017 e 2018) foi estabelecida uma meta de matrículas total de 3.200, e queremos visualizar se essa meta foi alcançada ou não.

Com o visual do gráfico "Medidor" selecionado, marque o campo "Matrículas".

Veja que o gráfico será exibido mostrando o total de matrículas realizadas de 3.49K e colocando como valor mínimo 0 e valor máximo de 6.98K que representa o dobro do valor total que é atribuído automaticamente.

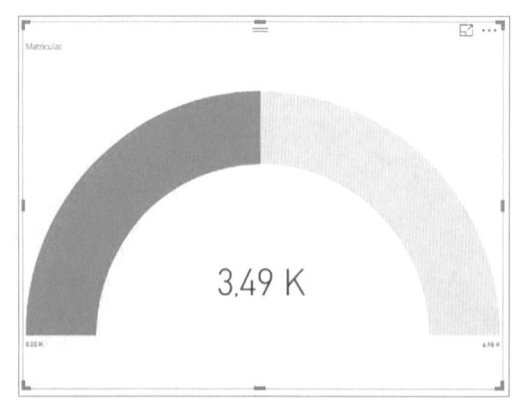

FIGURA 5.123

É importante que você configure o gráfico para que sejam exibidas as informações de acordo com as regras estabelecidas e dentro de suas necessidades, pois um gráfico configurado de maneira errada pode representar os dados de maneira que induza a interpretação das informações de maneira errada.

Agora vamos configurar esse gráfico com as opções disponíveis para que ele possa retratar de forma mais assertiva o que queremos apresentar.

Na opção "Eixo de medidor", definiremos o valor mínimo do eixo para 0 e valor máximo para 4000, já o Destino será a meta estabelecida de 3200. Veja o resultado na Figura 5.124.

FIGURA 5.124

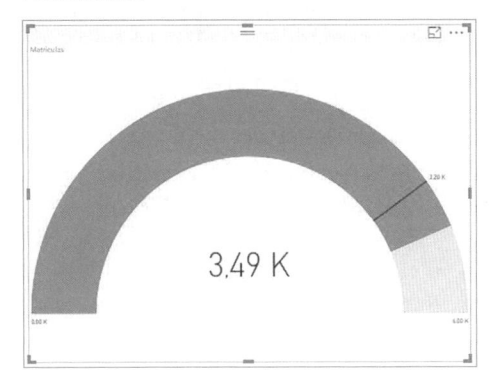

Observe que o gráfico teve uma mudança significativa na sua exibição, dessa forma a barra de progresso está mais próxima do valor máximo e a agulha no ponto da meta.

Agora formataremos as ferramentas do gráfico.

Altere as configurações de valores de "Automático" para "Nenhum" nas opções de "Etiqueta de Dados", "Destino" e "Valor de Nota de Aviso". Veja o resultado na Figura 5.125.

FIGURA 5.125

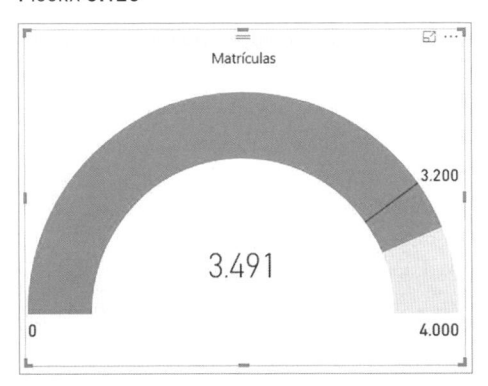

5.16. KPI

No item anterior do "Gráfico de Medidor", mencionamos que ele é uma ótima ferramenta para a visualização de indicadores, porém o Power BI disponibiliza outra forma de visualização que é a ferramenta KPI.

Um KPI (Indicador Chave de Desempenho) é um modelo visual que informa a quantidade de progresso feito em relação a uma meta. Essa ferramenta é utilizada quando desejamos realizar a medição do progresso e/ou a distância para se alcançar determinada meta e assim tomar as devidas ações para chegar no resultado estabelecido.

Para criar o KPI é necessário que se tenha na base de dados um campo que tenha a medida em valor que será avaliada e a medida da meta ou valor de destino. Crie uma nova página com o nome de KPI e insira um novo visual.

Selecione o KPI na barra de Visualização e nas configurações de "Campos", adicione na opção "Indicador" o campo "Resultado de Arrecadação R$", no Eixo o campo "Curso" e em Objetivos alvo a "Meta de Arrecadação R$" (Figura 5.126).

FIGURA 5.126

Veja o resultado que aparecerá semelhante à Figura 5.127.

FIGURA 5.127

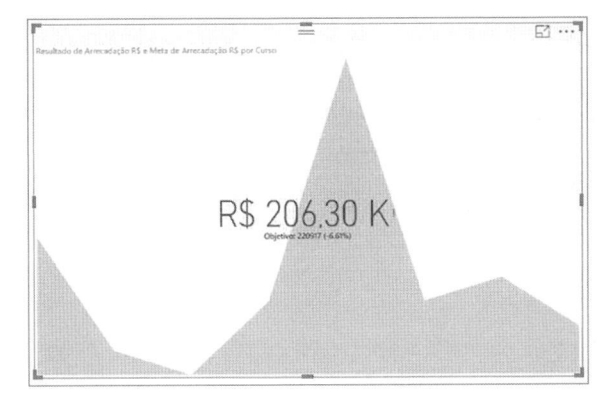

Antes de interpretar o KPI, é importante mencionar que os valores apresentados automaticamente são referentes ao curso de Power BI em todos os anos.

O valor em destaque de 206.30K é referente ao "Resultado de Arrecadação R$" obtido pelo curso (no caso Power BI) e ele está em vermelho pois não atingiu a meta estabelecida, que é de 220.917, que é exibida na parte de baixo e ao lado, o percentual que falta para chegar no resultado da meta, ou seja, ainda são necessários 6,61% para atingir a meta.

É possível alterar o curso que está sendo avaliado pelo KPI utilizando os filtros de níveis visuais que são disponibilizados na barra de Campos (Figura 5.128).

FIGURA 5.128

Clique no Curso para abrir as opções de cursos que você deseja visualizar no KPI (Figura 5.129), para esse exemplo, marcaremos o curso de Informática que teve o resultado acima da meta.

FIGURA 5.129

![Filtros de nível visual - Curso é Informática com opções: Automação 6, Culinária 4, Eletrônica 4, Gestão de Pessoas 4, Informática 6 (marcado), Instalação de Redes de C... 6, Panificação 8, Power BI 4]

Veja na Figura 5.130 que a meta do curso de informática foi atingida e é apresentada na cor verde, e ainda conseguiu 5,88% a mais.

FIGURA 5.130

![Visualização KPI mostrando R$ 496,64 K, Objetivo: 469053 (+5.88%)]

Caso deseje alterar a visualização das unidades, na opção "Indicador", marque a opção de "Nenhum" e será exibido a formatação de acordo com a que foi definida na tabela (Figura 5.131).

FIGURA 5.131

R$ 496.636,80

5.17. CARTÃO E CARTÃO DE LINHAS MÚLTIPLAS

O cartão e cartão de linhas múltiplas são maneiras de visuais disponíveis para demonstrar somente os valores que você deseja sem nenhum recurso gráfico.

Muitas vezes necessitamos visualizar uma informação de maneira objetiva e separadamente, nesse caso utilizamos o recurso de cartão, quando desejamos que sejam exibidos os dados em conjunto, utilizamos o recurso cartão de linhas múltiplas.

No exemplo a seguir, aplicaremos a visualização do número total de matrículas e o número de matrículas por cidades.

Crie uma Página com o nome de cartão e em seguida um novo visual.

Na barra "Campos" marque a opção "Matrículas".

O resultado será o da Figura 5.132.

FIGURA 5.132

3,49 K
Matriculas

Veja que o número principal é o total de matrículas realizadas e abaixo desse número aparece o nome da categoria que no caso é Matrículas.

Pode haver situações em que você deseje que sejam apresentados os totais de matrículas por cidade na forma de cartões, nesse caso utilizaremos a opção de cartão de linhas múltiplas.

Insira um novo visual de cartão de linhas múltiplas e marque os campos de Cidade e Matrículas.

O resultado será semelhante ao da Figura 5.133, veja que é exibido o nome de cada cidade acima do total de matrículas de cada uma, a categoria permanece abaixo do número.

Figura 5.133

```
Americana
92,00
Matrículas

Arujá
98,00
Matrículas

Barueri
250,00
Matrículas

Bauru
194,00
Matrículas

Botucatu
102,00
Matrículas

Cabreúva
71,00
Matrículas

Cajamar
182,00
Matrículas
```

A configuração e a formatação dos cartões seguem as mesmas opções dos gráficos que vimos anteriormente, caso deseje personalizar a visualização dos cartões.

5.18. TABELA

Da mesma forma que falamos no tópico anterior que às vezes temos a necessidade da visualização de um número em destaque e que dessa forma necessitamos utilizar um "Cartão", outras vezes podemos ter a necessidade de visualizar os dados em forma de tabela no relatório que estamos desenvolvendo. Nesse caso, o Power BI apresenta o recurso visual de "Tabela" que propicia essa exibição.

A visualização em forma de tabela é de simples e fácil criação, você aplicará mais empenho nos recursos de formatação disponíveis.

Crie uma nova página com o nome de tabela e em seguida um novo visual de tabela.

> **OBSERVAÇÃO**
>
> É importante dizer que você não precisa necessariamente criar um visual de tabela para criar uma, ao arrastar um campo para a página, ele automaticamente criará uma tabela com os dados do campo que você arrastou.

No nosso exemplo, utilizaremos os campos "Cidade" e "Matrículas" para criar a tabela.

Veja o resultado na Figura 5.134.

FIGURA 5.134

Cidade	Matriculas
Americana	92,00
Arujá	98,00
Barueri	250,00
Bauru	194,00
Botucatu	102,00
Cabreúva	71,00
Cajamar	182,00
Cajuru	226,00
Campinas	131,00
Campos do Jordão	127,00
Cotia	270,00
Embu	98,00
Guarulhos	211,00
Hortolândia	127,00
Jaú	207,00
Marília	188,00
Osasco	200,00
Santo André	161,00
Santos	100,00
São Caetano do Sul	354,00
São Paulo	102,00
Total	**3.491,00**

O recurso visual de tabela apresenta várias opções de formatação diferentes das demais, a primeira que abordaremos é a de "Estilo", que permite alterar o layout da tabela em relação às cores, veja as opções disponíveis e explore cada uma.

FIGURA 5.135

A opção "Grelha" permite formatar os recursos da tabela de forma individual, bem como aumentar o tamanho da fonte.

FIGURA 5.136

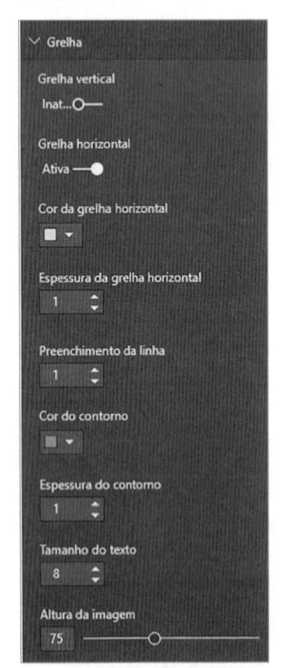

O visual de "Tabela" também apresenta o recurso de "Formatação Condicional" que permite a aplicação de regras para que sejam definidas as cores de fundo e de fonte de acordo com a regra estabelecida.

Para aplicação da "Formatação Condicional" no nosso exemplo, estabeleceremos a seguinte regra: para o total de matrículas por cidade que for abaixo de 200 colocaremos a fonte na cor vermelha, e para o total de matrículas igual ou acima de 200 será formatado na cor verde.

Clique na opção "Formatação condicional" localizada abaixo da barra de visualização, você notará que o primeiro item que aparece é o de escolha da coluna em que se deseja aplicar a regra, há duas opções inativas, a da cor de fundo e a cor do tipo de letra.

FIGURA 5.137

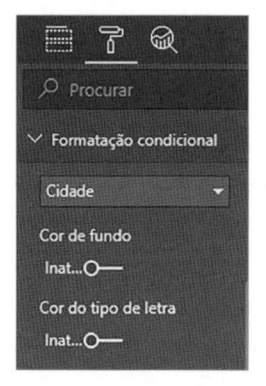

Como aplicaremos a regra para a quantidade de matriculados, selecione essa opção e ative a segunda opção de cor da letra (Figura 5.138).

FIGURA 5.138

Ao ativar essa opção será apresentado o botão "Controlos avançados", clique nele e veja que será exibida uma tela igual à da Figura 5.139.

FIGURA 5.139

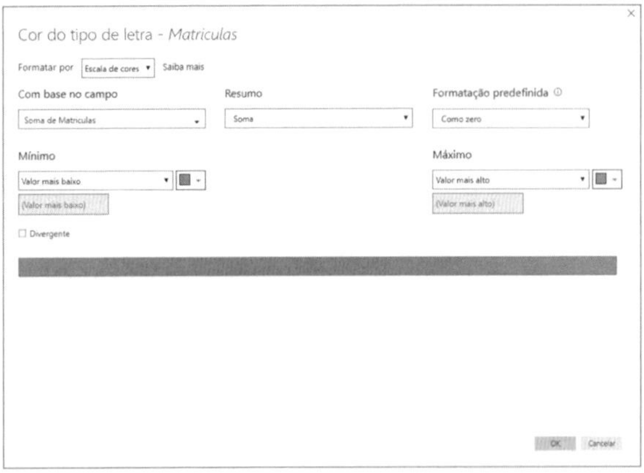

Você perceberá que a tabela de dados já constará com as cores nos valores, isso ocorre porque o Power BI faz uma média automática dos valores selecionados e aplica a regra para os maiores e menores valores, porém, aplicaremos a regra que estabelecemos acima.

É possível aplicar a mesma regra de formatação condicional de várias formas, o primeiro item que aparece é o de "Formatar" que apresentará três opções para serem selecionadas, veja a função de cada uma abaixo:

- **Escala de cores:** essa é a primeira opção e aplica a regra com base em dois valores, o maior e o menor, definidos automaticamente ou inseridos manualmente;
- **Regras:** permite a aplicação de duas ou mais regras;
- **Valor do campo:** permite a aplicação da regra de acordo com o campo desejado.

No nosso caso, poderíamos utilizar tanto a escala de cores quanto a de regras, porém, para uma melhor exploração da ferramenta, iremos com a segunda opção.

Na opção com base no campo, escolha o campo "Matrículas" para que a regra seja aplicada com base nesse campo.

Na parte debaixo aplique a regra conforme a Figura 5.140, como são duas regras após o preenchimento da primeira, clique no botão Adicionar para aplicar a segunda.

FIGURA 5.140

```
Cor do tipo de letra - Matriculas                                    ×

Formatar por  [Regras    ▼]  Saiba mais
Com base no campo              Resumo
[Soma de Matriculas      ▼]    [Soma              ▼]

Regras                                              + Adicionar

Se o valor [é maior ou igual a ▼] [0]   e [é menor que ▼] [200]    em seguida [■ ▼]    ↑ ↓ ×
Se o valor [é maior ou igual a ▼] [200] e [é menor que ▼] [Máximo] em seguida [■ ▼]    ↑ ↓ ×




                                                         OK   Cancelar
```

Após o preenchimento da regra, clique em Ok e veja o resultado na Figura 5.141.

FIGURA 5.141

Cidade	Matriculas
Americana	92,00
Arujá	98,00
Barueri	250,00
Bauru	194,00
Botucatu	102,00
Cabreúva	71,00
Cajamar	182,00
Cajuru	226,00
Campinas	131,00
Campos do Jordão	127,00
Cotia	270,00
Embu	98,00
Guarulhos	211,00
Hortolândia	127,00
Jaú	207,00
Marília	188,00
Osasco	200,00
Santo André	161,00
Santos	100,00
São Caetano do Sul	354,00
São Paulo	102,00
Total	**3.491,00**

Também é possível criar uma regra para o preenchimento da mesma cor no campo "Cidade" com base na regra aplicada no campo "Matrículas".

Clique na opção "Cidade" e ative a opção "Cor" do tipo de letra.

Escolha a opção "Regras".

Note que a opção com base no campo exibirá os dizeres de Contagem de Cidade, selecione nesse item a opção "Matrículas", pois será aplicada a regra de acordo com esse campo, mesmo que os dados que serão formatados sejam de outro campo.

Aplique a mesma regra anterior como podemos ver na Figura 5.142.

FIGURA 5.142

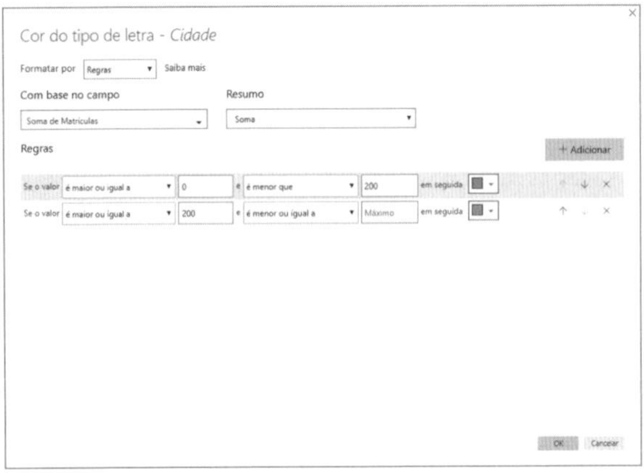

Veja que o resultado apresentado será o campo Cidade com a mesma formatação dos números como podemos ver na Figura 5.143.

FIGURA 5.143

Cidade	Matriculas
Americana	92,00
Arujá	98,00
Barueri	250,00
Bauru	194,00
Botucatu	102,00
Cabreúva	71,00
Cajamar	182,00
Cajuru	226,00
Campinas	131,00
Campos do Jordão	127,00
Cotia	270,00
Embu	98,00
Guarulhos	211,00
Hortolândia	127,00
Jaú	207,00
Marília	188,00
Osasco	200,00
Santo André	161,00
Santos	100,00
São Caetano do Sul	354,00
São Paulo	102,00
Total	3.491,00

5.19. MATRIZ

A Matriz do Power BI é um elemento visual que supre a necessidade de realizar as visualizações e o cruzamento dos campos que não é permitido no elemento de Tabela.

É importante frisar que a opção Matriz ainda permite que façamos o efeito de Drill Down e Drill Up que abordaremos no tópico seguinte a esse.

Vamos utilizar a seguinte situação para aplicação dessa ferramenta. Imagine a necessidade de visualizar o cruzamento dos dados referentes aos campos "Cidade", "Curso" e "Matrículas", de forma que todos sejam exibidos na mesma Matriz, possibilitando a análise dos dados de uma forma mais ampla.

Insira uma nova página com o nome de Matriz e em seguida adicione um novo Visual de mesmo nome.

Na sequência, arraste os campos para os espaços de "Linha", "Coluna" e "Valores" igual aos da Figura 5.144.

Figura 5.144

Veja que a Matriz será formada com o cruzamento dos dados, mostrando, assim, os totais de matrículas por cidade e curso, além de exibir os subtotais e totais de cada um.

FIGURA 5.145

Cidade	Automação	Culinária	Eletrônica	Gestão de Pessoas	Informática	Instalação de Redes de Computadores	Panificação	Power BI	Total
Americana	92,00								92,00
Anujá						98,00			98,00
Barueri				250,00					250,00
Bauru	194,00								194,00
Botucatu			102,00						102,00
Cabreúva							71,00		71,00
Cajamar							182,00		182,00
Cajuru				226,00					226,00
Campinas							131,00		131,00
Campos do Jordão						127,00			127,00
Cotia	270,00								270,00
Embu	98,00								98,00
Guarulhos				211,00					211,00
Hortolândia						127,00			127,00
Jaú				207,00					207,00
Marília						188,00			188,00
Osasco							200,00		200,00
Santo André								161,00	161,00
Santos		100,00							100,00
São Caetano do Sul				354,00					354,00
São Paulo	102,00								102,00
Total	394,00	370,00	194,00	461,00	787,00		413,00	584,00	288,00	3.491,00

É possível acrescentar mais campos nos espaços de Linhas, Colunas e Valores, porém deve-se tomar um cuidado para que a matriz não fique carregada de informações, dessa forma a análise dos dados não seria muito agradável.

Realize a formatação dessa matriz para que ela ocupe quase todo o espaço da página para que os dados fiquem mais nítidos, aumente as dimensões do quadro e, em seguida, aumente o tamanho do texto de "Cabeçalhos de coluna", "Cabeçalho de linha" e "Valores".

Assim como nas formatações e configurações da Tabela, é possível alterar o Estilo, Cores, adicionar Formatação Condicional, dentre outras opções dentro da Matriz.

A matriz ainda permite a visualização detalhada dos dados: por exemplo, em determinado momento necessitamos saber detalhes sobre o total do valor do curso de Automação, para que possamos ter essa visualização, clique com o botão direito do mouse no valor total do curso de Automação em seguida clique no botão Ver Registros.

FIGURA 5.146

Guarulhos		211
Hortolândia		
Jaú		
Marília		
Osasco	Ver Registos	
Santo André	Mostrar Dados	Ver Registos
Santos	Incluir	
São Caetano do Sul		102,0
São Paulo	Excluir	
Total	394,00 370,00 194,00	461,

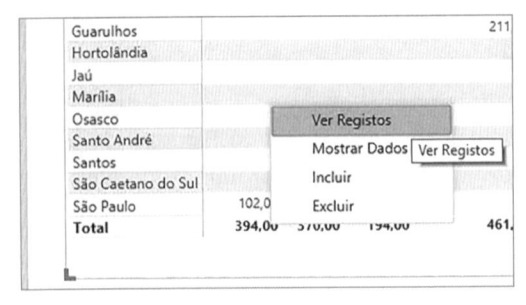

Note que serão exibidos em detalhes os dados que formam o valor total selecionado.

FIGURA 5.147

Cidade	Curso	Matrículas	Tipo do Treinamento
Bauru	Automação	99,00	Qualificação
Bauru	Automação	95,00	Qualificação
São Paulo	Automação	52,00	Qualificação
Embu	Automação	50,00	Qualificação
São Paulo	Automação	50,00	Qualificação
Embu	Automação	48,00	Qualificação

Para retornar a exibição da Matriz, clique no botão "Voltar ao Relatório", localizado acima dos dados exibidos.

5.20. DRILL DOWN E DRILL UP UTILIZANDO MATRIZ

Drill Down é um processo de interação dos relatórios de dados que permite ao usuário detalhar os níveis de dados de acordo com a necessidade, em outras palavras, é possível realizar a mineração desses dados até um alto nível de detalhamento. Já o Drill Up é processo inverso, permitindo a diminuição do nível de detalhamento.

O visual Matriz, permite realizar esse tipo de atividade proporcionando ao usuário utilizar esse tipo de processo com os dados. Vejamos agora como utilizar essa ferramenta na Matriz.

Novamente crie uma página com o nome de Drill Down e Drill Up, e no painel Visualizações adicione a Matriz.

Na criação do processo de hierarquia para o efeito Drill Down, destacamos a importância de saber distribuir os campos de maneira assertiva na Matriz.

Para a construção da nossa Matriz utilizaremos os campos "Ano", "Cidade", "Curso" e "Matrículas".

Posicione os campos conforme a Figura 5.148.

FIGURA 5.148

Veja que o resultado da distribuição dos campos será igual ao da Figura 5.149.

Figura 5.149

Ano	Matriculas
2017	1.698,00
2018	1.793,00
Total	**3.491,00**

São exibidos os anos e o total de matrículas de cada ano.

Veja que na parte superior da Matriz são apresentados três botões, como podemos ver na Figura 5.150.

Figura 5.150

Esses botões são os responsáveis por dar o efeito Drill Down e Drill Up na Matriz.

Para exibir os detalhes de dados, clique no ano de 2017, em seguida clique no botão "Expandir tudo para um nível de hierarquia".

A Matriz apresentará os dados do campo cidade em conjunto com os valores de quantidade de matrículas de cada cidade, seguindo a hierarquia que definimos na distribuição dos campos dentro da Matriz, os outros dados ficaram esmaecidos.

FIGURA 5.151

Ano	Matrículas
2017	1.698,00
Americana	45,00
Arujá	48,00
Barueri	140,00
Bauru	95,00
Botucatu	50,00
Cabreúva	35,00
Cajamar	89,00
Cajuru	87,00
Campinas	64,00
Campos do Jordão	62,00
Cotia	132,00
Embu	48,00
Guarulhos	103,00
Hortolândia	62,00
Jaú	101,00
Marília	92,00
Osasco	98,00
Santo André	75,00
Santos	49,00
São Caetano do Sul	173,00
Total	3.491,00

Caso queira visualizar o próximo nível hierárquico de detalhes, clique na cidade desejada, em seguida novamente no botão "Expandir tudo para um nível de hierarquia". No nosso exemplo, faremos esse processo com a cidade de Americana e o resultado será igual ao da Figura 5.152.

FIGURA 5.152

Ano	Matrículas
2017	1.698,00
Americana	**45,00**
Eletrônica	45,00
Arujá	48,00
Instalação de Redes de Computadores	48,00
Barueri	140,00
Gestão de Pessoas	140,00
Bauru	95,00
Automação	95,00
Botucatu	50,00
Eletrônica	50,00
Cabreúva	35,00
Panificação	35,00
Cajamar	89,00
Panificação	89,00
Cajuru	87,00
Informática	87,00
Campinas	64,00
Panificação	64,00
Campos do Jordão	62,00
Instalação de Redes de Computadores	62,00
Total	3.491,00

Para realizar o efeito Drill Down, clique no botão "Agregar", clicando uma vez ele volta a apresentar os dados das cidades e com mais um clique são exibidos os valores totais por ano.

O botão "Ir para o nível seguinte de hierarquia" serve para a visualização dos dados e seus totais de maneira individual sem o efeito Drill Down.

Clique no botão "Ir para o nível de hierarquia" e veja o resultado igual à Figura 5.153.

Figura 5.153

Cidade	Matrículas
Americana	92,00
Arujá	98,00
Barueri	250,00
Bauru	194,00
Botucatu	102,00
Cabreúva	71,00
Cajamar	182,00
Cajuru	226,00
Campinas	131,00
Campos do Jordão	127,00
Cotia	270,00
Embu	98,00
Guarulhos	211,00
Hortolândia	127,00
Jaú	207,00
Marília	188,00
Osasco	200,00
Santo André	161,00
Santos	100,00
São Caetano do Sul	354,00
São Paulo	102,00
Total	3.491,00

5.21. R SCRIPT

O Power BI também oferece suporte à criação de visuais utilizando a linguagem R.

O R é uma linguagem de programação e também um ambiente de desenvolvimento muito utilizado para o desenvolvimento de cálculos e gráficos estáticos.

O Power BI não vem com o R em sua estrutura, para utilizá-lo, é necessário realizar a instalação do programa em seu computador e depois realizar a configuração para habilitar o ambiente de desenvolvimento dentro do Power BI e assim acessá-lo utilizando o botão R na barra de visualização como podemos ver na Figura 5.154.

FIGURA 5.154

Não abordaremos essa visualização, pois é necessário ter conhecimento da linguagem R, fugindo do objetivo deste livro.

5.22. MAPAS ARCGIS

É um software especializado na criação de mapas, que pode ser integrado ao Power BI, porém somente com mapas prontos disponibilizados por desenvolvedores dessa plataforma.

Diferente do R, os Mapas ArcGIS são integrados automaticamente ao Power BI, porém é necessário que você aceite os termos e a política de privacidade da empresa, que poderá disponibilizar os gráficos para outros usuários.

Crie uma nova página e dê o nome de "Mapas ArcGIS".

Quando clicamos no ícone do Mapas ArcGIS será apresentada uma tela para concordarmos com os termos e políticas de privacidade, como podemos ver na Figura 5.155, caso concorde com os termos, clique em Ok para utilizar as ferramentas de gráficos disponíveis.

FIGURA 5.155

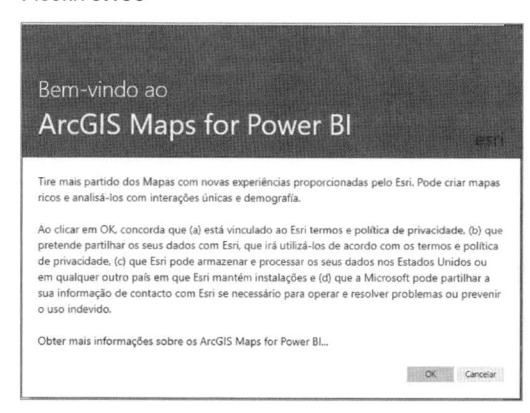

Para que possamos verificar o funcionamento do mapa, arraste o campo "Cidade" para o item localização e o campo "Matrícula" para o item tamanho.

Figura 5.156

O visual realizará a conexão com a internet para gerar o gráfico como podemos ver nas Figuras 5.157 e 5.158.

Figura 5.157

FIGURA 5.158

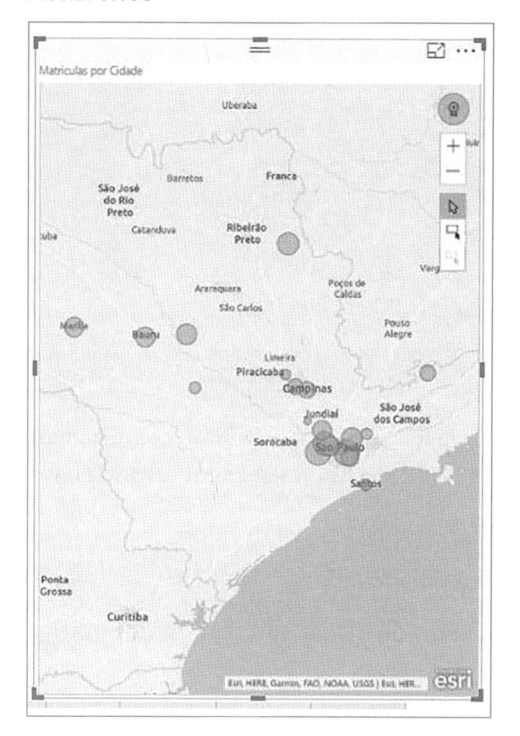

Os elementos de configuração e formatação da visualização de Mapas ArcGIS no Power BI são semelhantes a dos mapas já apresentados em tópicos anteriores.

5.23. FERRAMENTA FAÇA UMA PERGUNTA

A versão mais atual do Power BI apresenta um recurso de interatividade que permite analisar uma pergunta feita pelo usuário, e responder imediatamente com o visual que mais se adeque a pergunta.

Insira uma nova página com o nome de Pergunta Power BI.

Clique no botão "Faça uma Pergunta" localizado na Guia Base e no grupo Inserir.

Serão apresentados um quadro de visual e um campo de texto solicitando que seja digitado uma pergunta.

FIGURA 5.159

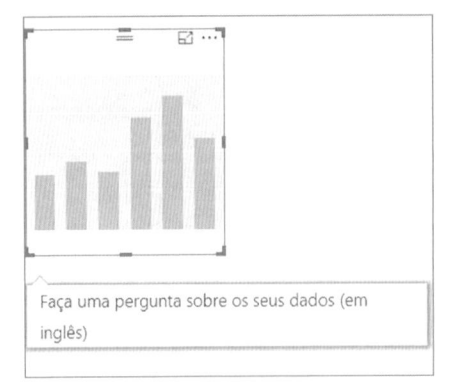

Note que é solicitado que a pergunta seja feita em inglês, porém, como a análise é feita através dos campos, o sistema consegue entender e apresentar o resultado no visual.

Digite a seguinte pergunta no campo de texto:

Total do Resultado de Arrecadação R$ por cidade?

Note que ao final da digitação, o quadro do visual apresentará um gráfico de barras com valores de cada cidade.

Veja o resultado na Figura 5.160.

FIGURA 5.160

> **OBSERVAÇÃO**
>
> É possível habilitar o recurso Cortana, que é o assistente virtual do Windows, porém só é possível habilitar esse recurso através do Power BI e não do Power BI Desktop.

5.24. CONCLUSÃO

Nesse capítulo foi possível conhecer de maneira completa todos os recursos visuais disponíveis pelo Power BI para a criação dos relatórios, bem como as ferramentas para personalização de cada visual e suas particularidades, além de demonstrar, na prática, quais os elementos gráficos que devemos utilizar em cada situação que queremos representar os dados.

EXERCÍCIOS

1. Em quais situações é interessante utilizar o gráfico de anel?
2. Como funciona o gráfico de Medidor?
3. Defina o gráfico Treemap?
4. Para que serve a ferramenta Drill down e Drill up?
5. O que é um KPI e quando devemos utilizá-lo?

CAPÍTULO 6

FILTROS DE MINERAÇÃO DE DADOS E SEGMENTAÇÃO DE DADOS

Este capítulo estuda a aplicação e utilização dos recursos da ferramenta de Filtros, utilizando a ferramenta de Segmentação de dados no desenvolvimento de relatórios e gráficos para a criação dos painéis de indicadores. A Segmentação de dados é uma poderosa ferramenta para a confecção de Dashboards; com a facilidade de manipulação de dados que a ferramenta apresenta, permite que, com um simples clique no botão que apresenta o item que deseja se visualizar no momento, as informações se cruzem de uma forma que retornem muitas respostas para análise e elaboração dos relatórios, o que possibilita a criação de Dashboards interativos, simples e de fácil mineração dos dados para ir a fundo nos detalhes, o que gera informações mais precisas.

6.1. ADICIONAR FILTROS AOS GRÁFICOS

Para explorarmos as ferramentas de Filtros disponíveis no Power BI, utilizaremos os exemplos de gráficos criados no capítulo anterior.

Selecione a página "Gráfico de Coluna" que foi o primeiro gráfico que abordamos.

Conforme analisamos anteriormente, esse gráfico exibe os dados de um panorama do "Resultado de Arrecadação" e "Meta de Arrecadação por Curso oferecido".

Ao começarmos a análise dos relatórios desenvolvidos, muitas vezes vimos a necessidade da visualização de algumas informações específicas ou detalhadas que não podemos enxergar, pois estamos trabalhando com os dados em sua totalidade, e para isso muitas vezes recorremos a criação de outros gráficos abordando somente os dados que desejamos. Porém, com o recurso de Filtros conseguimos economizar tempo na confecção de vários gráficos além de escolher os dados que serão exibidos no gráfico com maior interatividade e rapidez.

O Power BI disponibiliza quatro tipos de filtros que podemos trabalhar: filtro de página, filtro de relatório, filtro de visual e filtro de detalhamento, abordaremos os dois mais utilizados na confecção dos relatórios, que são os filtros de página e relatório.

Na Figura 6.1 é possível ver no painel de Filtros duas opções, a de filtro de página aplica o filtro adicionado para os elementos visuais localizados somente na página ativa, já o filtro de relatório aplica a ferramenta em todas as páginas do relatório, ou seja, ao aplicar uma regra de filtro em um item de qualquer página, automaticamente será replicado para todos os elementos visuais das outras páginas.

Figura 6.1

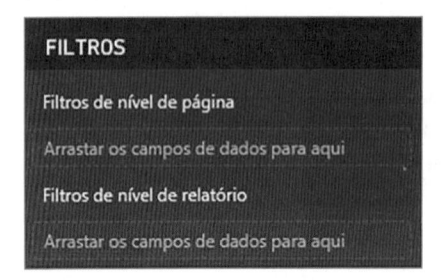

FILTROS
Filtros de nível de página
Arrastar os campos de dados para aqui
Filtros de nível de relatório
Arrastar os campos de dados para aqui

No exemplo a seguir, criaremos dois filtros abordados acima.

Arraste para opção filtro de página o campo "Ano" e para a opção filtro de relatório o campo "cidade", o resultado será semelhante ao da Figura 6.2.

FIGURA 6.2

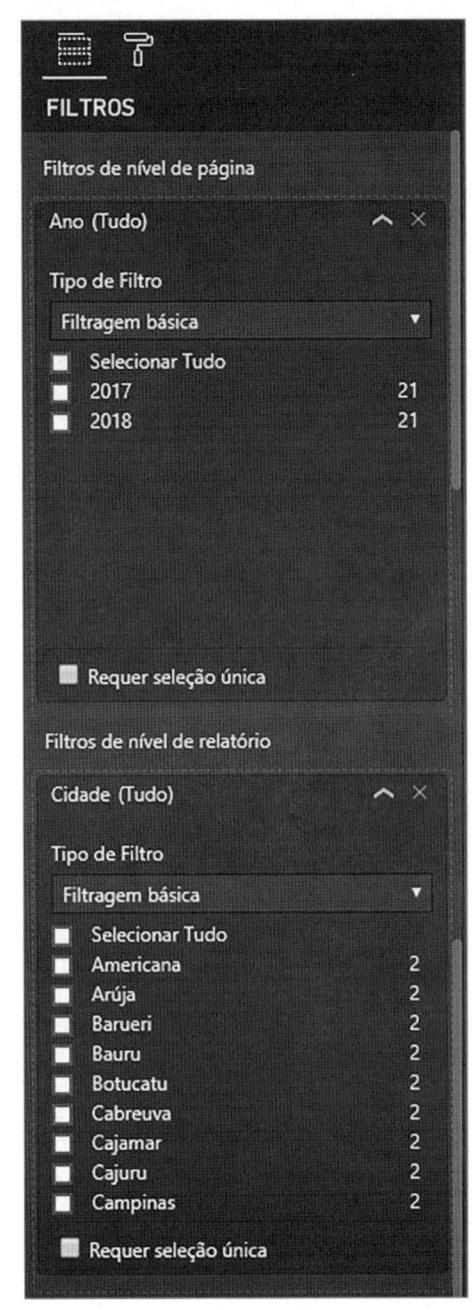

FILTROS

Filtros de nível de página

Ano (Tudo)

Tipo de Filtro

Filtragem básica

- Selecionar Tudo
- 2017   21
- 2018   21

☐ Requer seleção única

Filtros de nível de relatório

Cidade (Tudo)

Tipo de Filtro

Filtragem básica

- Selecionar Tudo
- Americana   2
- Arúja   2
- Barueri   2
- Bauru   2
- Botucatu   2
- Cabreuva   2
- Cajamar   2
- Cajuru   2
- Campinas   2

☐ Requer seleção única

Veja que em ambos os filtros é apresentada a opção "Tipo de Filtro", ao clicarmos são apresentadas duas alternativas: a "Filtragem básica" e a "Filtragem avançada". A diferença entre as duas é que a básica permite a filtragem dos dados de acordo com a marcação da opção desejada, que pode ser de múltipla escolha ou unitária, caso você marque a opção "Requer seleção única".

No filtro de página, marque a opção 2017 e veja que os dados do gráfico serão alterados para os valores somente desse ano. Veja o resultado na Figura 6.3.

FIGURA 6.3

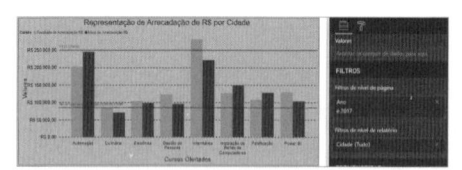

Para exibir novamente os dados em sua totalidade, clique no botão "Limpar filtro" localizado na parte superior esquerda do campo adicionado ao filtro.

Já na opção avançada, é possível desenvolver uma regra mais aprimorada utilizando os operadores lógicos E e OU, utilizados principalmente quando queremos filtrar números.

Para esse exemplo, adicionaremos ao filtro de página o campo "Resultado de Arrecadação R$".

Marque a opção "Filtragem avançada" no campo "Resultado de Arrecadação R$", em seguida adicione a regra de "é maior ou igual a" 100000 e clique em "Aplicar filtro".

FIGURA 6.4

Veja o resultado que será exibido na Figura 6.5.

Note que é exibido somente o curso de Informática e com o valor R$ 134.940,00, isso acontece porque o Power BI não aplica essa regra com base no somatório que está sendo exibido no gráfico e sim no item e valor da base, sem agrupar e somar as categorias.

FIGURA 6.5

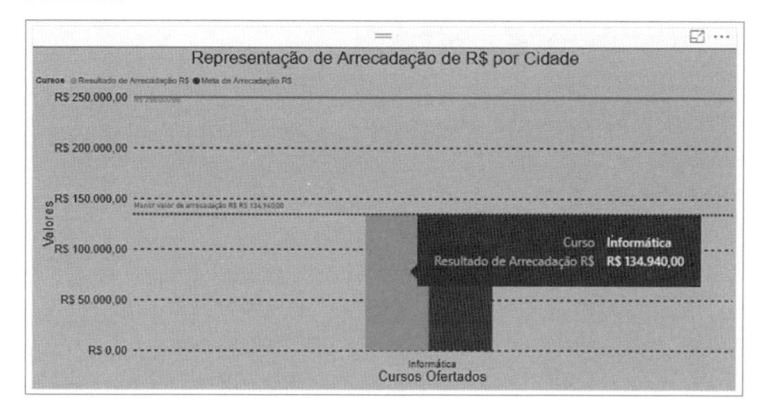

Limpe o filtro avançado para que o gráfico seja exibido novamente em sua totalidade.

Agora verificaremos o funcionamento do filtro de relatório: selecione no filtro a cidade de Botucatu e veja que nas outras páginas dos gráficos que criamos que todos os dados exibidos nos gráficos se referem a cidade selecionada. Abaixo são exibidas as Figuras 6.6, 6.7 e 6.8, mostrando o resultado dos visuais de Dispersão, Mapas e Medidor.

FIGURA 6.6

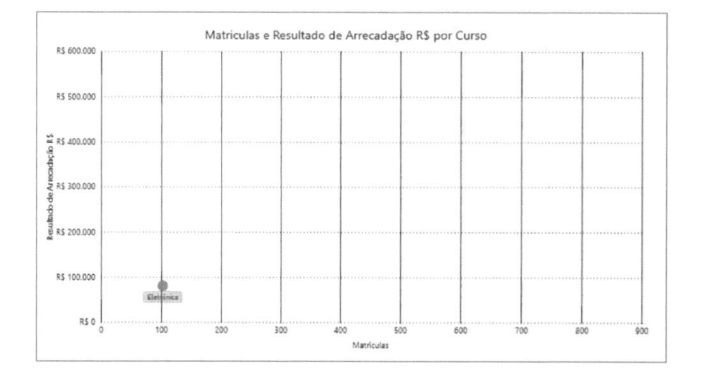

FIGURA 6.7

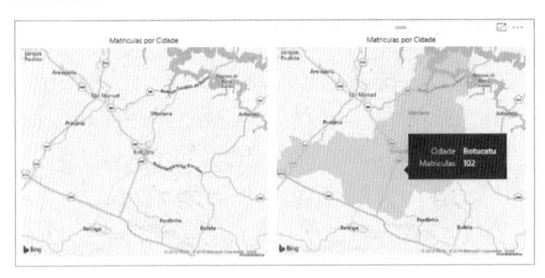

FIGURA 6.8

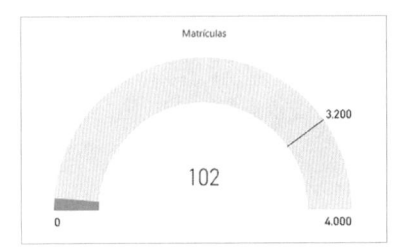

Limpe o filtro do relatório e os dados de todas as páginas serão exibidos novamente.

Outra maneira de aplicar os filtros é diretamente no gráfico, não necessitando utilizar o painel.

Clique diretamente na coluna do "Resultado de Arrecadação R$" do curso de Automação e todas as outras colunas serão esmaecidas e somente a coluna selecionada ficará com as cores realçadas.

FIGURA 6.9

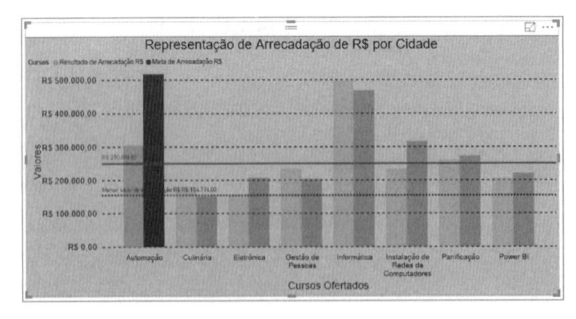

Para limpar o filtro, clique na área de desenho do gráfico que ele voltará a apresentar todos os dados.

É importante enfatizar que, quando finalizamos o relatório e deixamos em modo de leitura, o usuário que estiver manipulando o relatório poderá trabalhar com todos os filtros que foram aplicados, podendo marcar as opções desejadas. Ele só não poderá editar os filtros, ou seja, excluir ou adicionar novos campos aos filtros.

6.2. SEGMENTAÇÃO DE DADOS

A Segmentação de dados nada mais é do que uma outra maneira de filtragem, muitos acham melhor e mais interativa, pois permite adicionar a segmentação na própria página dos relatórios, tornando mais fácil a manipulação e a visão dos relatórios.

Para explorarmos essa ferramenta, utilizaremos a página "Gráfico de Dispersão".

No gráfico de dispersão estamos utilizando os campos "Curso", "Matrículas" e "Resultados de Arrecadação R$" que nos permitem determinar os cursos que proporcionaram maiores resultados correlacionados com a quantidade de matrículas.

É possível que em algum momento tenhamos a necessidade de visualizar esse gráfico com os dados separados pelo ano e também por cidade, e são campos que não constam no gráfico e que se acrescentássemos não sairiam da maneira desejada ou teríamos que criar outros gráficos para visualizar essa relação.

Clique duas vezes no visual de "Segmentação de Dados", localizado no painel "Visualizações".

Em seguida selecione a primeira segmentação e selecione o campo "Ano" no painel de "Campos" e na segunda segmentação selecione o campo "Cidade", faça os ajustes nos quadros juntamente ao gráfico e posicione as segmentações no lado esquerdo da página, o resultado deverá ser semelhante ao da Figura 6.10.

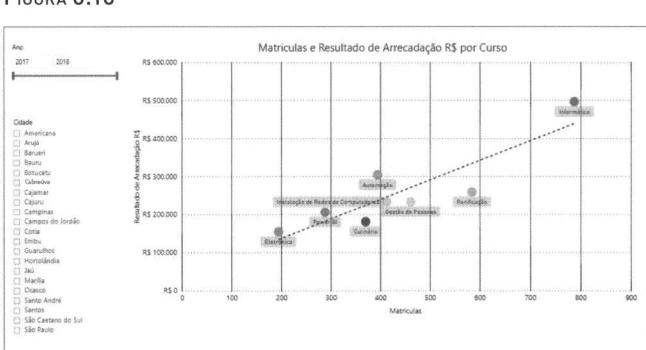

FIGURA 6.10

A primeira segmentação de Ano é exibida na forma de uma linha do tempo, pois o Power BI entende que se trata de um campo que só contém número, e dessa forma permite exibir os dados no gráfico de acordo com o intervalo que for selecionado. Esse esquema é interessante para períodos.

Clique e arraste o indicador da linha da esquerda para direita e serão exibidos no gráfico somente os valores do ano de 2018.

FIGURA 6.11

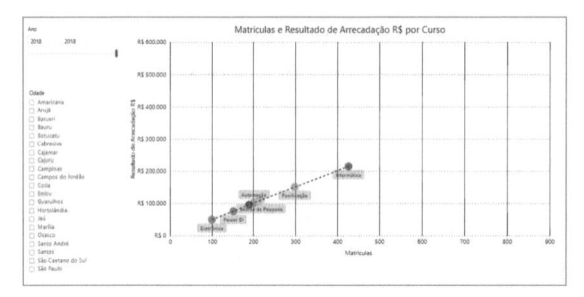

Estilo de segmentação apresenta muitos recursos de formatação, como cor de fundo, tamanho da fonte etc., também é possível alterar o indicador da segmentação na opção "Geral" ativando o item "Reativo".

FIGURA 6.12

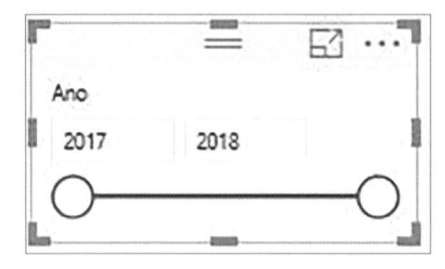

Faça as alterações de formatação conforme a sua necessidade, nesse momento procure utilizar todos os recursos disponíveis.

Já na segmentação de cidade, a aparência é semelhante a de um filtro normal, você poderá selecionar a opção desejada e, caso tenha a necessidade de selecionar mais de uma cidade, pressione a tecla CTRL e marque os itens.

No exemplo abaixo, foram selecionadas as cidades de Americana, Barueri e Cajuru. Veja o resultado na Figura 6.13.

FIGURA 6.13

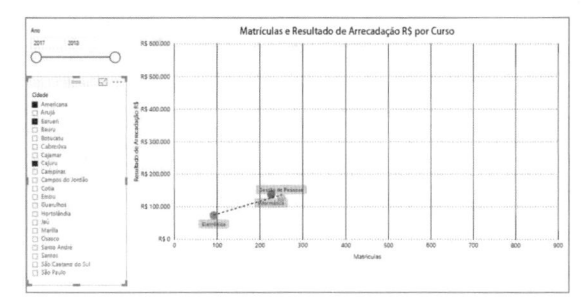

A segmentação ainda tem um outro tipo de visualização que podemos aplicar, para esse outro estilo de segmentação aplicaremos um novo filtro com o campo de "Tipo de treinamento".

Após inserir o filtro, clique na opção "Geral" e altere o item "Orientação" de "Vertical" para "Horizontal", os filtros terão a aparência de um botão que ao clicar aplica o filtro de acordo com o item selecionado.

FIGURA 6.14

Limpe o filtro de seleção das cidades no botão localizado no canto superior direito da segmentação como podemos ver na Figura 6.15.

FIGURA 6.15

Na sequência selecione o Tipo de treinamento de Qualificação e veja o resultado que deverá ser igual ao da Figura 6.16.

FIGURA 6.16

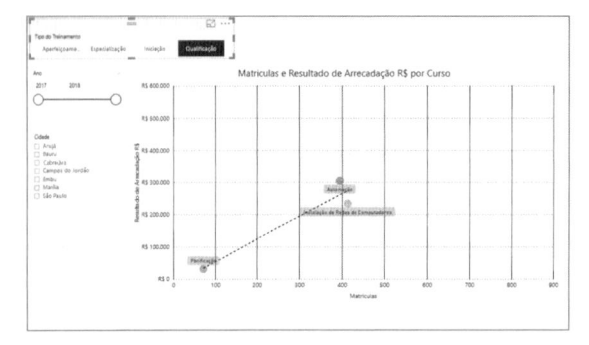

No próximo capítulo criaremos o primeiro relatório de Dashboard e faremos muito uso da Segmentação de Dados.

6.3. CONCLUSÃO

O capítulo apresentou o funcionamento e a importância da aplicação dos Filtros e Segmentações de dados em um relatório do Power BI, pois permitem que o usuário final possa interagir com o relatório, efetuando suas análises e combinações de acordo com suas necessidades, tendo desde uma visualização macro da situação quanto micro, desmembrando as informações geradas para que os resultados encontrados sejam sempre precisos.

EXERCÍCIOS

1. Quais as opções de filtros encontramos no Power BI?
2. Qual a diferença de filtro de página e filtro de relatório?
3. O que é uma Segmentação de dados?
4. Qual a tecla que utilizamos para selecionar mais de um item na segmentação de dados?
5. Descreva os passos para transformar a visualização da segmentação de ícones de seleção para botão.

CAPÍTULO 7

CRIANDO O SEU PRIMEIRO DASHBOARD

Agora que conhecemos o passo a passo dos gráficos e filtros disponíveis no Power BI, otimizaremos os espaços e os dados nas informações que necessitamos para criar um painel dinâmico e que nos proporcione uma visualização que possamos transformar em informações e, consequentemente, em conhecimento para a tomada de decisão. Este capítulo abordará os recursos dessa ferramenta na criação de Dashboards inteligentes que possibilitem a análise dos dados de forma produtiva.

FIGURA 7.1 – DASHBOARD CONSTRUÍDO NO POWER BI

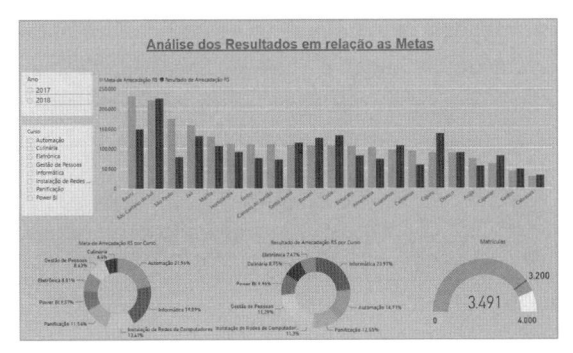

Utilizaremos a mesma base de dados para criar o nosso primeiro relatório.

Abra um novo arquivo do Power BI e salve com o nome de Relatório 2.

Faça a importação dos dados conforme aprendido nos capítulos anteriores.

O relatório será composto por quatro páginas e construiremos os Dashboards para visualizar os resultados obtidos em relação às metas estabelecidas, para que isso ajude na tomada de decisão de ações futuras.

Insira quatro páginas no relatório e renomeie as páginas para: Introdução, Resultados X Metas, Cursos X Cidades e Matrículas X Resultados.

Na página Introdução, adicionaremos algumas informações de orientação para o usuário que for fazer uso do relatório, para isso utilizaremos algumas ferramentas de formatação disponíveis na Guia Base, como, por exemplo, a Caixa de Texto, Inserir Imagem e Formas.

Insira uma caixa de texto e digite a seguinte informação: Relatório Gerencial de Resultados, esse será o título da Página, formate o texto conforme preferir e posicione no centro superior da página.

Figura 7.2

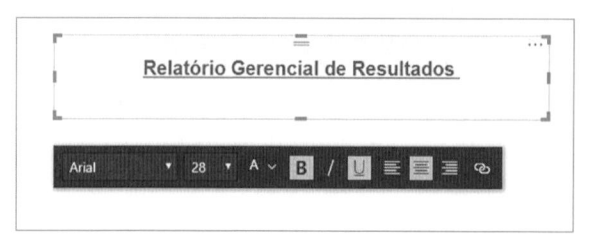

Para o nosso exemplo, criamos uma logo incremental ao nosso relatório para demonstrar como trabalhar com a ferramenta de imagens, caso você tenha uma imagem ou figura que ache interessante aplicar nesse exemplo de relatório, aplique conforme as orientações a seguir.

Figura 7.3

Clique no botão "Imagem" localizado na Guia Base.

Será apresentada a tela para localização da imagem selecionada.

Após inserir a imagem, você poderá diminuir ou aumentar utilizando as dimensões que aparecem ao selecioná-la.

Na guia "Formato" que aparece toda vez que um elemento visual é selecionado, você poderá alinhar a imagem dentro da página, bem como deixá-la em segundo plano enviando para trás de algum outro recurso, além de poder adicionar algumas configurações e formatações no painel de "Formatar Imagem".

Figura 7.4

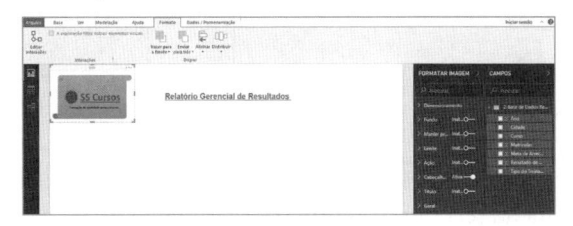

Insira mais duas caixas de textos com os dizeres abaixo:

Caixa de Texto 1

- O Relatório Gerencial da SS Cursos contempla os dados coletados dos anos de 2017 e 2018.
- Os Dashboards interativos criados nesse relatório têm por objetivo proporcionar ao usuário uma leitura e análise de fácil entendimento e com uma riqueza de detalhes.

Caixa de Texto 2

Selecione qual o ano que deseja visualizar os resultados de arrecadação clicando nos botões abaixo:

- Ainda na página de Introdução, adicione um elemento visual de Filtro com o campo "Ano" e um outro elemento visual de KPI que apresente o "Resultado de Arrecadação R$" e a "Meta de Arrecadação R$".
- Posicione os dois de forma harmoniosa dentro da página, formate de acordo com seu gosto.

O resultado será semelhante ao da Figura 7.5.

Figura 7.5

O usuário poderá ver nessa primeira tela um panorama dos resultados arrecadados.

Na página "Resultado X Metas", abordaremos os dados dos campos "Cidades", "Cursos", "Meta de Arrecadação R$", "Resultado de Arrecadação R$" e "Matrículas".

Dessa vez procure incrementar com uma cor de fundo diferente da primeira página, que será uma cor padrão para as demais páginas.

Adicione o título utilizando uma caixa de texto com os dizeres: Análise dos Resultados em relação às Metas.

O primeiro visual que aplicaremos é o de Gráfico de colunas agrupadas que demonstrará a "Meta de Arrecadação R$" e "Resultado de Arrecadação R$ por Cidade".

Figura 7.6

Procure sempre utilizar as ferramentas de formatação para dar a sua cara aos gráficos.

Agora insira dois visuais de Gráfico de anel, o primeiro deverá apresentar a Meta de Arrecadação R$ por Curso e o segundo Resultado de Arrecadação R$ por Curso, veja o resultado na Figura 7.7.

Os dois gráficos exibirão de forma individual os percentuais de resultados e metas por curso.

Figura 7.7

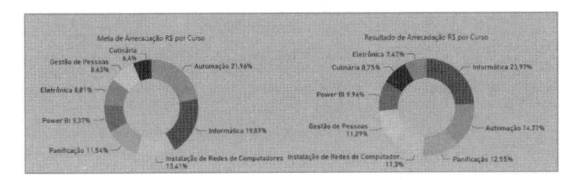

> **OBSERVAÇÃO**
>
> Na opção Etiquetas de detalhe, no item "Estilo de etiqueta", aplique a opção de "Categoria", percentagem total, para que sejam exibidos os percentuais dentro do gráfico.

O outro elemento visual de gráfico que fará parte do nosso Dashboard, é o Medidor.

Insira o Medidor na página e adicione o campo matrículas ao gráfico e configure o Eixo de medidor igual ao da Figura 7.8.

Figura 7.8

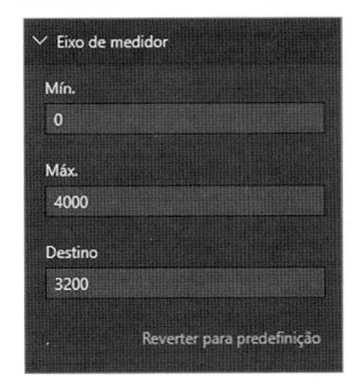

Posicione os elementos da página de forma semelhante aos da Figura 7.9.

FIGURA 7.9

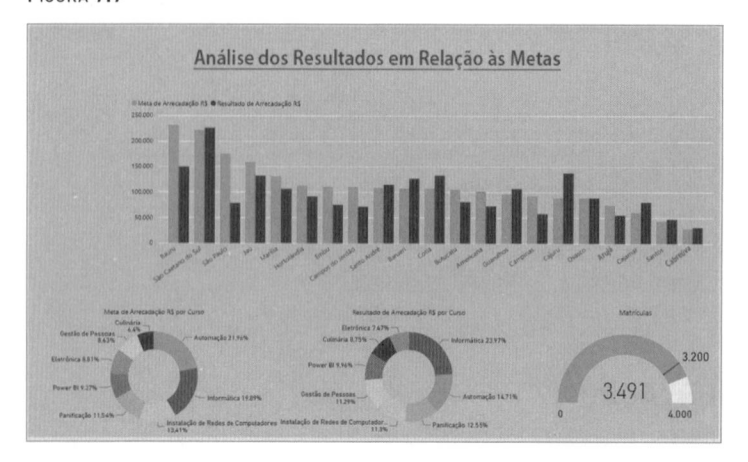

Veja que no canto superior esquerdo ficou um espaço, esse será o local onde adicionaremos as segmentações de dados que realizarão a filtragem das informações dos gráficos.

Insira duas segmentações, a primeira configure com o campo "Ano" e a segunda com o campo "Curso", formate e arraste as duas para espaço reservado a elas.

A nossa primeira página de relatório ficará com a aparência da Figura 7.10.

FIGURA 7.10

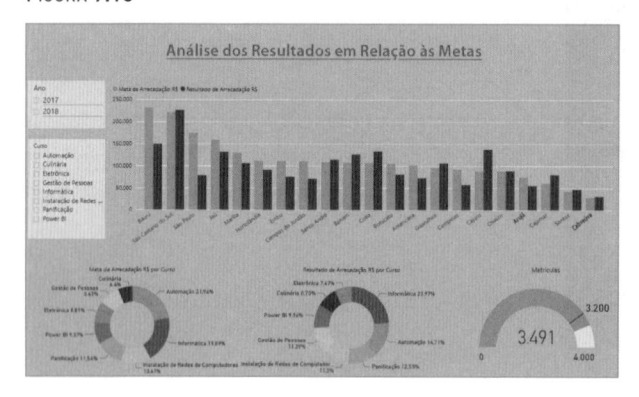

Com esse painel, o usuário poderá filtrar e visualizar os resultados em cada ano e também realizar as comparações de resultados por cursos.

No exemplo abaixo é possível analisar os dados referentes ao ano de 2017 e realizar uma comparação de resultados dos cursos de Informática e Instalação de Redes de Computadores nas cidades onde os cursos são oferecidos.

FIGURA 7.11

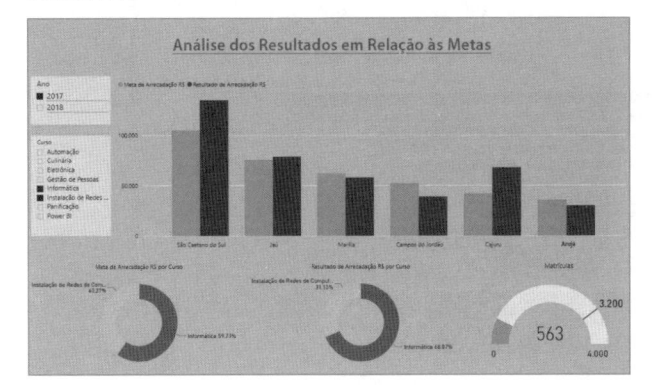

Na página Cursos X Cidades, trabalharemos com os campos de "Cidade", "Cursos", "Matrículas" e "Resultado de Arrecadação R$".

- **Insira o título da página:** Análise dos resultados por cidade

Utilizaremos duas segmentações de dados, a primeira será com os dados do campo "Cidade": configure a exibição de forma horizontal e posicione abaixo do título. A segunda será do campo "Ano" e será posicionado no canto superior esquerdo na parte debaixo do filtro de cidade. O resultado deverá ser semelhante à Figura 7.12.

FIGURA 7.12

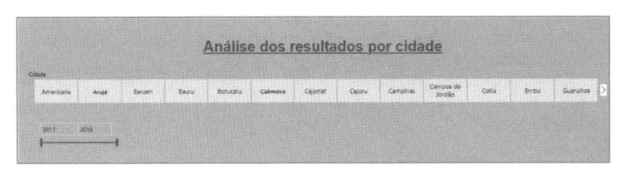

Insira o visual de gráfico de funil exibindo o "Resultado de Arrecadação R$ por Curso".

Veja o resultado do gráfico na Figura 7.13.

FIGURA 7.13

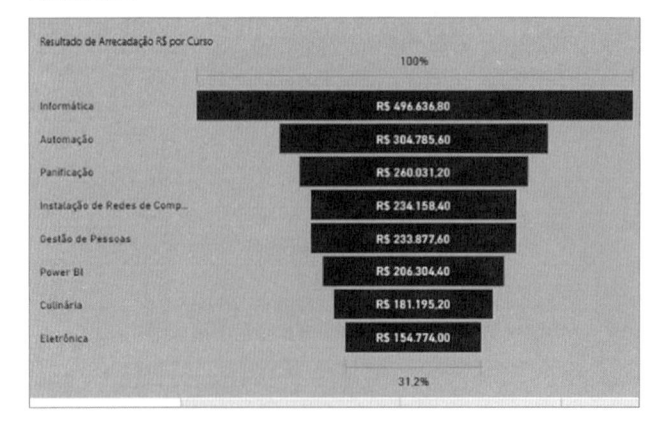

Insira o visual de Mapa de manchas para exibir o total de matrículas por cidades.

Posicione o mapa na parte inferior da página e acima adicionaremos dois visuais de Cartão, o primeiro deverá exibir o nome da cidade e o segundo, o total de matrículas.

O resultado da página será semelhante ao da Figura 7.14.

FIGURA 7.14

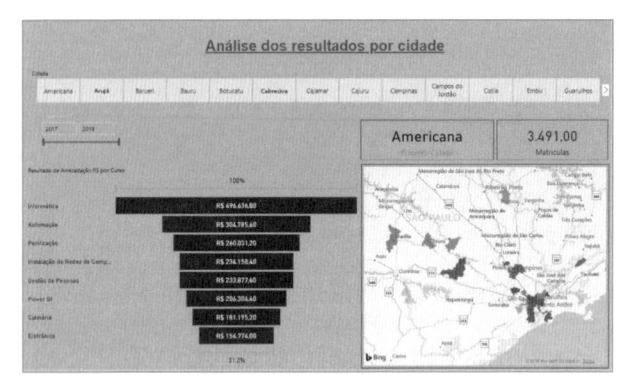

Com esse Dashboard, o usuário poderá visualizar as cidades e os resultados de matrículas e arrecadação por ano.

No exemplo abaixo, selecionamos a cidade de São Paulo e os dados do ano de 2018, a visualização será igual à Figura 7.15.

FIGURA 7.15

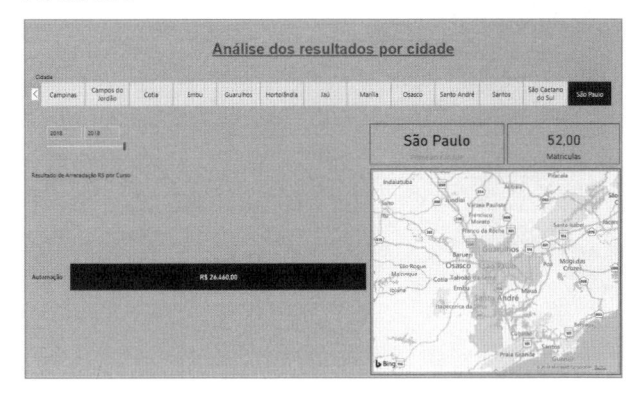

Na última página de "Matrículas X Resultados" utilizaremos os campos "Curso", "Matrículas", "Resultado de Arrecadação R$" e "Cidade".

- **Insira o Título:** Análise dos resultados por Matrículas

Abaixo do título adicione os filtros de "Ano" e "Tipo de Treinamento", posicione na página conforme a Figura 7.16.

FIGURA 7.16

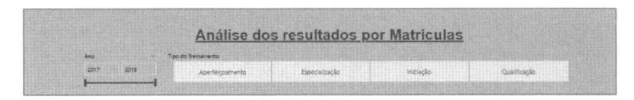

Adicione o visual de Treemap, para visualizar o "Resultado de Arrecadação R$ por Cidade".

Veja o resultado do gráfico na Figura 7.17.

FIGURA 7.17

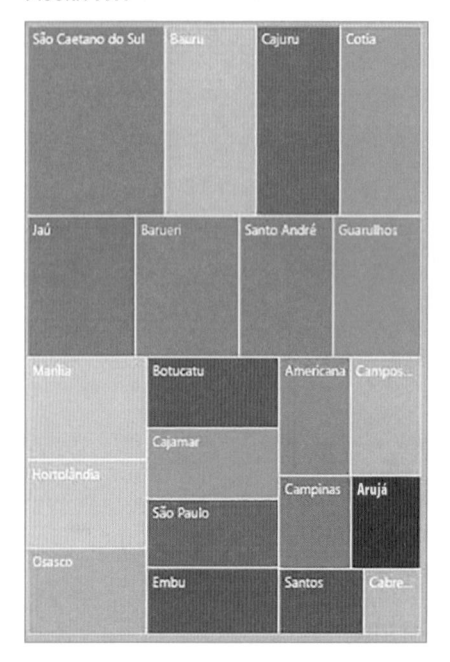

Insira também o Gráfico de dispersão que mostre a relação de Matrículas com "Resultado de Arrecadação R$ por Curso".

FIGURA 7.18

E, por fim, crie o Gráfico de friso que demonstre o "Resultado de Arrecadação" e as "Metas de Arrecadação por Tipo de Treinamento", o resultado deverá ser semelhante ao da Figura 7.19.

FIGURA 7.19

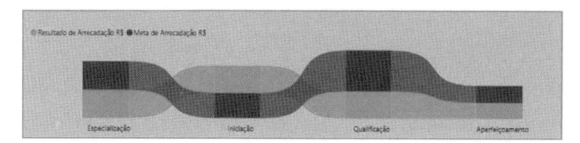

Nesse painel será possível avaliar a relação de matrículas com resultado de arrecadação, além de verificar por tipo de cursos o alcance das metas e o desempenho das cidades.

Veja o resultado final do dashboard na Figura 7.20.

FIGURA 7.20

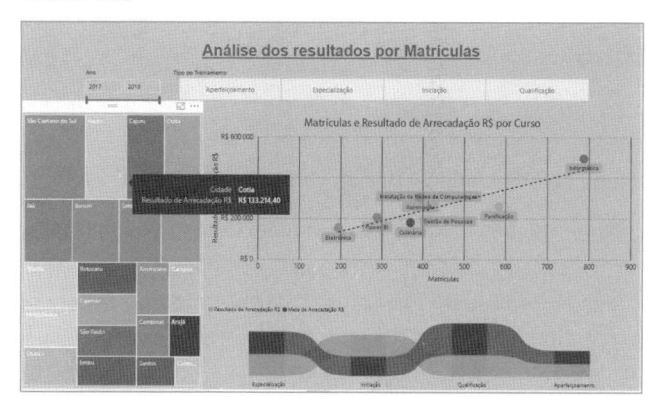

No capítulo 11 publicaremos esse relatório para que possa ser disponibilizado para outros usuários.

7.1. CONCLUSÃO

Nesse capítulo foi criado o primeiro relatório interativo no Power BI, utilizando todas as ferramentas vistas nos capítulos anteriores, possibilitando ao leitor explorar as análises que poderiam ser realizadas a partir de uma leitura geral, além de poder aguçar a criatividade na hora do desenvolvimento dos painéis com a distribuição dos elementos visuais e suas conexões, proporcionando ao usuário final uma melhor leitura dos dados.

Exercícios

1. Utilizando o arquivo Exercício criado no exercício 5 do capítulo 4, crie três páginas com os nomes: Relatório de Vendas R$, Relatório de Vendas de Produtos e Valor X Produtos.

2. Na página Relatório de Vendas, crie os gráficos e vincule aos campos de acordo com as relações abaixo:

    1º. Gráfico de Colunas — Insira nesse gráfico os campos Estado e Realizado R$.

    2º. Gráfico de Medidor — Insira os campos Estado, Realizado R$ e Meta R$.

    OBSERVAÇÃO

    Definir como 150.000 valor máximo do eixo medidor.

    3º. Gráfico de Mapa de Mancha — Insira os campos Realizado R$ e Estado.

    4º. Aplique as segmentações de dados de Estado e Código da Loja.

3. Na página Relatório de Vendas de Produtos, realize o mesmo processo do item anterior, porém altere o campo Realizado R$ e Meta R$, por Resultado de Unidades Vendidas e Meta para Unidades Vendidas.

4. Na página Valor X Produto, crie os visuais abaixo:

    1º. Gráfico de Dispersão: Campos Realizado R$, Resultado de Unidades Vendidas por Loja;

    2º. Gráfico de Treemap: Campos Realizado R$ por Cidade.

    3º. Segmentação de dados: Campo Estado.

5. Descreva a quantidade de lojas que tiveram resultados expressivos tanto no resultado em valores R$ quanto na quantidade de produtos vendidas, e as que apresentaram resultados ruins.

Capítulo 8

CONFIGURANDO O RELATÓRIO DO POWER BI PARA SMARTPHONE

O Power BI possui uma ferramenta que permite realizar as adaptações no relatório para que seja exibido em um smartphone, isso possibilita que os usuários acessem os relatórios em qualquer lugar através do aparelho.

Para iniciar as configurações de adaptação, clique na primeira página Introdução e, em seguida, clique na Guia "Ver" e no botão "Esquema de Telefone".

Figura 8.1

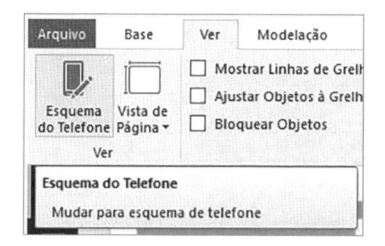

Veja que o layout da página será exibido em um formato e com as dimensões de um smartphone e na lateral direita são apresentados todos os elementos visuais que formam a página.

Figura 8.2

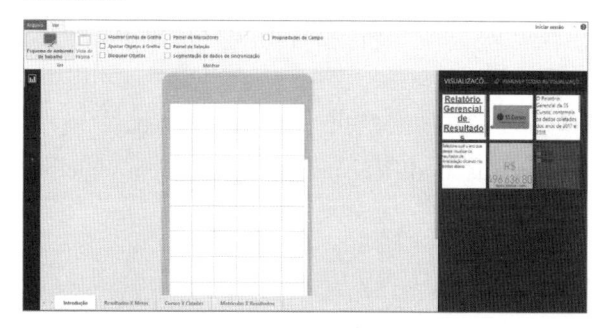

Inicie as adaptações para o smartphone arrastando o título e a imagem para dentro da página.

Utilize as dimensões e as linhas de quadro para moldar o relatório no smartphone.

Figura 8.3

Continue inserindo e adaptando os elementos visuais iguais aos das Figuras 8.4 e 8.5.

Figura 8.4

Figura 8.5

É importante enfatizar que as modificações realizadas no "Esquema de telefone" não alteram nenhuma configuração na visualização de "Esquema de Ambiente de Trabalho".

Vamos continuar as adaptações na página "Resultado X Metas".

Arraste os itens para a página e faça as modificações para que fiquem semelhantes às Figuras 8.6, 8.7, 8.8 e 8.9.

FIGURA 8.6

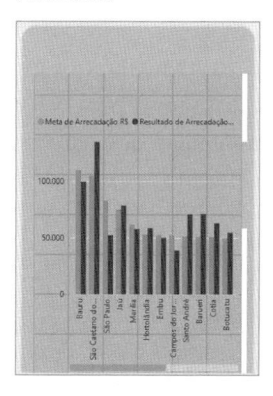

FIGURA 8.8

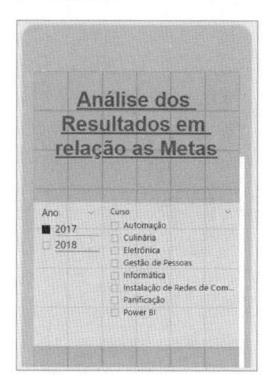

FIGURA 8.7

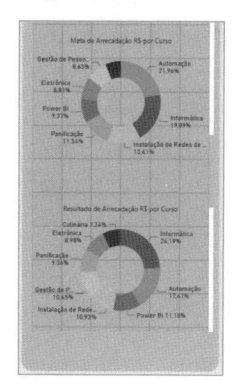

FIGURA 8.9

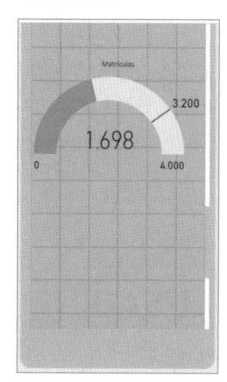

Nas Figuras 8.10 e 8.11, veja os elementos posicionados da página "Cursos X Cidades".

FIGURA 8.10

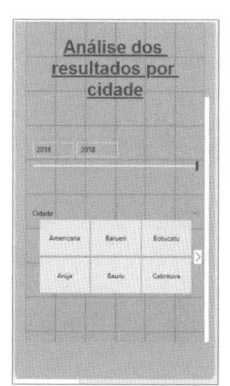

FIGURA 8.11

Faça o mesmo processo com a última página "Matrículas X Resultados" e veja a semelhança nas Figuras 8.12, 8.13 e 8.14.

FIGURA 8.12

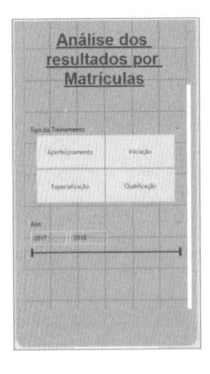

FIGURA 8.13

FIGURA 8.14

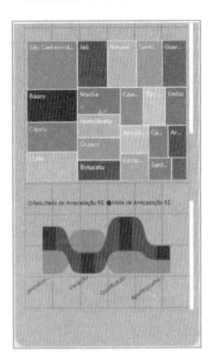

No capítulo 11 "Publicação e Visualização do Dashboard", aprenderemos a publicar o relatório no Power BI. Dessa forma, o relatório ficará disponível para o acesso no smartphone e, ao acessar, a visualização será idêntica à montagem que realizamos nesse arquivo.

8.1. CONCLUSÃO

O capítulo abordou as principais ferramentas de adaptação do Power BI para visualização do relatório em smartphones e tablets, demonstrando as visualizações e configurações para chegar em um melhor resultado.

EXERCÍCIOS

1. Configure o Relatório criado no arquivo Exercício, para aparência em smartphones.

CAPÍTULO 9

EXPRESSÕES DAX

Este capítulo tem por principal objetivo apresentar aos leitores as principais fórmulas e ferramentas disponíveis para a construção de expressões DAX dentro do Power BI. Você que já conhece e trabalha com o Microsoft Excel irá se familiarizar muito rápido com o ambiente e as funções disponíveis, você que ainda não teve contato também conseguirá aprender rapidamente com os exemplos que serão apresentados.

A sigla DAX em inglês significa Data Analysis Expressions, em português quer dizer Expressões de Análise de Dados, muitas vezes importamos dados de sistemas que na maioria das vezes vêm sem nenhum tratamento ou que em algum momento necessitaremos aplicar algum cálculo a eles para encontrarmos a informação que desejamos. Se os dados não vêm dessa forma, então precisaremos tratá-los, para isso o Power BI tem a opção de realizarmos esses cálculos utilizando a fórmula DAX.

É importante mencionar que as fórmulas DAX utilizam sempre como referência para cálculo uma coluna ou tabela, e os resultados são automaticamente replicados para todas as linhas funcionando em contexto de matriz.

Também é importante dizer que é possível aplicar as fórmulas DAX em duas situações, a primeira inserindo uma nova medida ou fórmulas inseridas diretamente em colunas na tabela; abordaremos as duas formas a seguir.

No Relatório 2 que usamos nos capítulos anteriores, adicione uma nova página com nome de "Desempenho de Matrículas".

Adicionaremos uma nova medida e, consequentemente, uma fórmula DAX, que calcule o quanto cada matrícula dos cursos representa do "Resultado de Arrecadação R$". Em outras palavras, vamos descobrir o valor em R$ que representou cada matrícula realizada nos cursos.

Após inserir uma nova página, clique no botão "Nova Medida" localizado na Guia "Modelação".

Figura 9.1

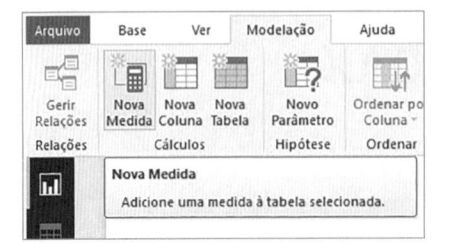

Veja na Figura 9.2 que o Power BI exibe a barra de fórmulas abaixo da Guias com o nome padrão de "Medida", que também aparecerá no painel "Campos", como podemos ver na Figura 9.3.

Figura 9.2

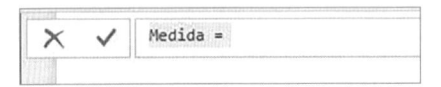

Figura 9.3

É possível alterar o nome da Medida de forma bem simples, somente substituindo o nome na própria barra de fórmulas.

Altere o nome de "Medida" para "Matrícula por Resultado".

O objetivo dessa medida será de calcular o quanto cada matrícula representa em valores R$, para isso teremos de calcular a soma total do campo "Resultado de Arrecadação" dividido pela soma total do campo "Matrículas", lembrando que o Power BI, com essa representação, fará automaticamente a distribuição por todos os resultados, sendo assim, quando inserirmos um novo visual e aplicarmos filtros, o resultado se dará individualmente, conforme o filtro aplicado.

Para inserir uma fórmula DAX, é necessário que o caractere "=" seja inserido depois do nome da medida, isso é feito automaticamente pelo próprio programa, mas, se porventura você retirar esse caractere e tentar aplicar a fórmula, ela não funcionará, por esse motivo fique atento.

Após o "=" é necessário inserir uma das fórmulas disponibilizadas pelo Power BI, quem conhece o Excel irá se familiarizar com elas, pois muitas fórmulas possuem o mesmo significado. O único inconveniente é que a Microsoft ainda não lançou nas versões disponíveis do Power BI até o momento as nomenclaturas em Português, possuindo somente em Inglês.

A primeira fórmula que utilizaremos é SUM, que traduzindo significa SOMA: ela somará o total do campo "Resultado de Arrecadação R$".

Digite SUM e em seguida abra parêntese. Perceba que são exibidos os parâmetros da função e os campos da nossa tabela para que você escolha qual será utilizado pela fórmula.

FIGURA 9.4

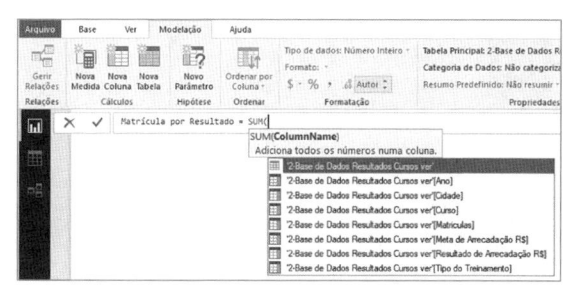

Escolha o campo "Resultado de Arrecadação R$" e feche os parênteses.

FIGURA 9.5

Após os parênteses, digite o sinal divisão "/" e, em seguida, aplique a mesma fórmula SUM, mas agora para o campo "Matrícula".

FIGURA 9.6

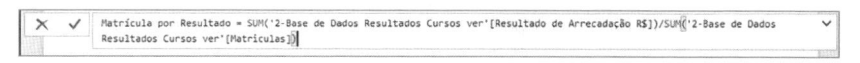

Após o término da fórmula pressione a tecla Enter para que Power BI possa realizar o cálculo.

Se o Power BI não reportar nenhum erro, é sinal de que ele conseguiu realizar o cálculo.

Caso você necessite editar a medida criada, é só aplicar um duplo clique com o mouse no painel campo na medida "Matrícula" e será exibida novamente a barra de fórmula.

Aplicada a fórmula, agora veremos se realmente ela retornará ao visual esperado na página.

Insira um novo Visual de Gráfico de colunas agrupadas e selecione o campo "Curso" e a medida "Matrícula por Resultado".

Adicione também duas segmentações de dados, com os campos "Ano" e "Cidade".

Posicione e formate os elementos de visual conforme a Figura 9.7.

FIGURA 9.7

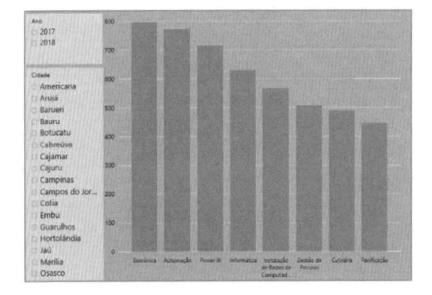

Veja que cada coluna representa o valor arrecadado por matrícula no curso oferecido.

Esse resultado representa o total, para aprofundar o detalhamento desses dados, clique no ano de 2017, na segmentação de dados, e vamos verificar a cidade de Americana.

FIGURA 9.8

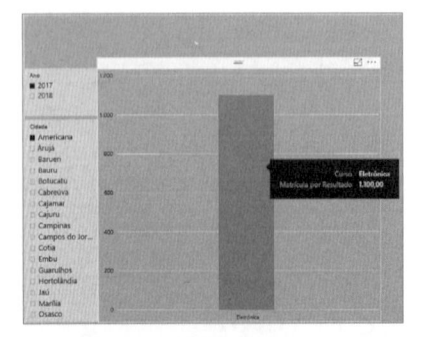

Veja que o valor do curso de Eletrônica por matrícula na cidade de Americana no ano de 2017 é de R$ 1.100,00.

Agora selecione somente o ano de 2018 e veja o resultado na Figura 9.9.

FIGURA 9.9

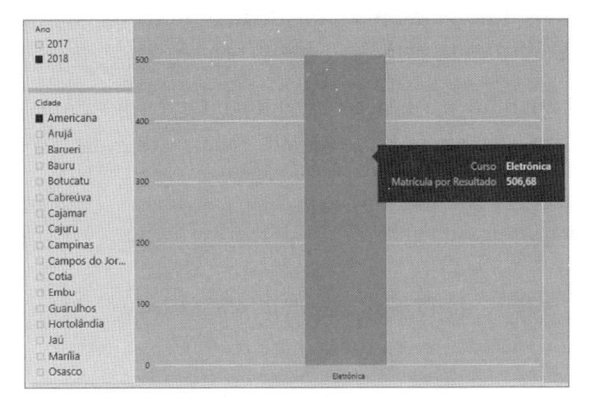

Note que no ano de 2018 o valor que representou cada matrícula é R$ 506, 68, ou seja, o valor cobrado por esse curso no ano seguinte caiu pela metade.

Veja que interessante, a partir dessa informação é possível interpretar várias situações, inclusive se formos na página "Resultado X Metas", podemos verificar que o resultado total do ano de 2017 foi de R$ 49.500,00 e no ano de 2018, de R$ 23.814,00, ou seja, a redução do valor cobrado afetou muito no resultado total do ano seguinte. Se formos mais a fundo, é possível analisar na página "Cursos e cidades" que no ano de 2017 o total de matrículas foi de 45 e no ano de 2018 foi de 47 matriculados, ou seja, se a diminuição do valor do curso foi uma estratégia tomada pela escola para atrair alunos, não foi muito assertiva, pois a ação não refletiu na quantidade de matrículas.

Só conseguimos analisar essa situação devido as fórmulas DAX que possibilitam trabalhar os dados com fórmulas.

Outra forma para aplicar uma fórmula DAX é adicionando uma nova coluna à tabela para armazenar o resultado da fórmula criada.

Para adicionar uma nova coluna, não é necessário sair da visualização de Relatório, porém, para que possamos ver em tempo real o resultado da aplicação da fórmula, clique na visualização de Dados.

O objetivo de inserir uma nova coluna será de aplicar uma fórmula DAX que nos diga quais registros alcançaram a meta de matrícula, sendo que a meta de matrícula para esse exemplo será de 100 matrículas.

Clique na Guia "Modelação" e no Botão "Nova Coluna".

Da mesma forma que alteramos o nome da medida, altere o nome da coluna na barra de fórmulas. Digite o nome de "Meta de Matrícula".

Utilizaremos a função IF, traduzindo, é a função SE, na qual para os valores que forem iguais ou maiores que 100 será exibida a mensagem "Meta atingida", caso o contrário, "Não atingiu a meta".

Digite fórmula DAX igual à apresentada abaixo:

- Meta de Matrícula = IF('2-Base de Dados Resultados Cursos ver'[Matriculas]>=100;"Atingiu a meta";"Não atingiu a meta").
- O primeiro argumento é onde será aplicada a regra estabelecida, no caso o campo Matrícula deverá ser " >= " 100, caso for verdadeiro será exibida a mensagem "Atingiu a meta", se falso aparecerá a mensagem "Não atingiu a meta".

Após finalizar a fórmula utilizando a tecla Enter, veja que será automaticamente avaliada a função e exibido o resultado na coluna Meta de Matrícula.

Figura 9.10

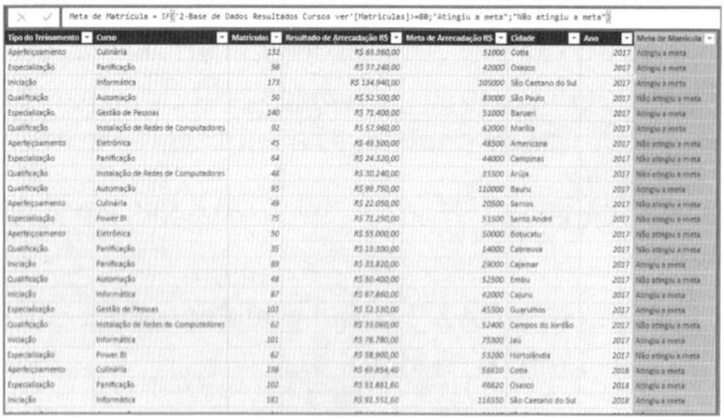

Meta de Matricula = IF('2-Base de Dados Resultados Cursos ver'[Matriculas]>=80;"Atingiu a meta";"Não atingiu a meta")

Tipo do Treinamento	Curso	Matriculas	Resultado de Arrecadação R$	Meta de Arrecadação R$	Cidade	Ano	Meta de Matricula
Aperfeiçoamento	Culinária	132	R$ 63.360,00	51000	Cotia	2017	Atingiu a meta
Especialização	Panificação	98	R$ 37.240,00	42000	Osasco	2017	Atingiu a meta
Iniciação	Informática	173	R$ 134.940,00	105000	São Caetano do Sul	2017	Atingiu a meta
Qualificação	Automação	50	R$ 52.500,00	83000	São Paulo	2017	Não atingiu a meta
Especialização	Gestão de Pessoas	140	R$ 71.400,00	51000	Barueri	2017	Atingiu a meta
Qualificação	Instalação de Redes de Computadores	92	R$ 57.960,00	62000	Marília	2017	Atingiu a meta
Aperfeiçoamento	Eletrônica	45	R$ 49.500,00	48500	Americana	2017	Não atingiu a meta
Especialização	Panificação	64	R$ 24.320,00	44000	Campinas	2017	Não atingiu a meta
Qualificação	Instalação de Redes de Computadores	48	R$ 30.240,00	35500	Arujá	2017	Não atingiu a meta
Qualificação	Automação	95	R$ 99.750,00	110000	Bauru	2017	Atingiu a meta
Aperfeiçoamento	Culinária	49	R$ 22.050,00	20500	Santos	2017	Não atingiu a meta
Especialização	Power BI	75	R$ 71.250,00	51500	Santo André	2017	Não atingiu a meta
Aperfeiçoamento	Eletrônica	50	R$ 55.000,00	50000	Botucatu	2017	Não atingiu a meta
Qualificação	Panificação	35	R$ 13.300,00	14000	Cabreuva	2017	Não atingiu a meta
Iniciação	Panificação	89	R$ 33.820,00	29000	Cajamar	2017	Atingiu a meta
Qualificação	Automação	48	R$ 50.400,00	52500	Embu	2017	Não atingiu a meta
Iniciação	Informática	87	R$ 67.860,00	42000	Cajuru	2017	Atingiu a meta
Especialização	Gestão de Pessoas	103	R$ 52.530,00	45500	Guarulhos	2017	Atingiu a meta
Qualificação	Instalação de Redes de Computadores	62	R$ 33.060,00	52400	Campos do Jordão	2017	Não atingiu a meta
Iniciação	Informática	101	R$ 78.780,00	75300	Jaú	2017	Atingiu a meta
Especialização	Power BI	62	R$ 58.900,00	53200	Hortolândia	2017	Não atingiu a meta
Aperfeiçoamento	Culinária	138	R$ 69.854,40	56610	Cotia	2018	Atingiu a meta
Especialização	Panificação	102	R$ 51.861,60	46620	Osasco	2018	Atingiu a meta
Iniciação	Informática	181	R$ 91.551,60	116550	São Caetano do Sul	2018	Atingiu a meta

Veja que o Power BI analisou os dados e retornou em cada registro a informação de acordo com a regra.

Agora volte para visualização de relatório e insira o Gráfico circular.

Arraste o campo "Meta de Matrícula" para os quadros de "Legenda e Valores".

FIGURA 9.11

O gráfico assumirá a forma igual à da Figura 9.12.

FIGURA 9.12

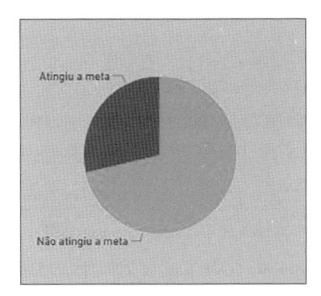

Configure o gráfico marcando a opção "Todas etiquetas de detalhe", localizada no item etiquetas.

O gráfico exibirá a contagem das metas atingidas e não atingidas e o percentual que cada uma representa (Figura 9.13).

FIGURA 9.13

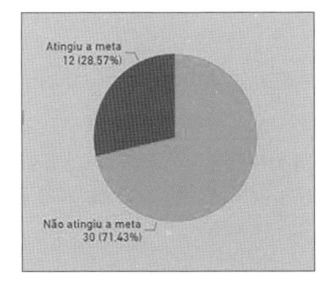

Veja que, de acordo com a nossa regra, no ano de 2017 somente 23,81% atingiram a meta e 76,19% não atingiram a meta.

Para finalizar, adicione um título de Desempenho de Matrículas e veja o resultado na Figura 9.14.

FIGURA 9.14

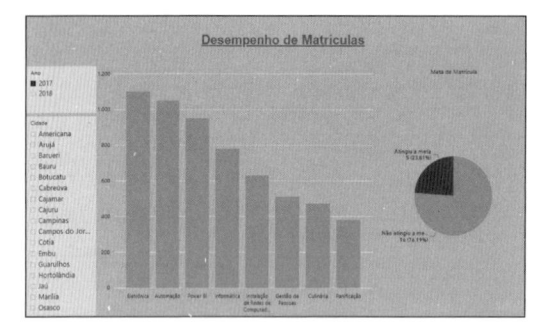

9.1. CONCLUSÃO

Como podemos ver, as expressões DAX são muito importantes para o desenvolvimento dos relatórios no Power BI. Apesar de ser possível criar os Dashboards somente com os dados do banco, muitas vezes teremos situações em que se fará necessária a aplicação de uma fórmula entre os campos para chegar em um determinado resultado, e com formas simples e as funções disponíveis nas expressões DAX isso se torna muito mais fácil.

EXERCÍCIOS

1. Qual o significado da sigla DAX?
2. O que são as expressões DAX e por que o seu uso é importante para o desenvolvimento de relatórios no Power BI?
3. Qual a diferença de adicionar uma fórmula DAX em uma nova medida para uma coluna?
4. Utilizando o arquivo do Exercício, crie uma nova Medida que calcule a divisão do campo Resultado R$ pelo campo Resultado de Unidades Vendidas e dê o nome para essa medida de Valor Médio de Produto.
5. Utilizando o arquivo do Exercício, crie uma nova coluna com o nome de Resultado da Meta, e uma fórmula que avalie as lojas que alcançaram as Metas R$ e retorne a frase Alcançou a Meta para as lojas que conseguiram atingir a Meta e Não Alcançou a Meta para as lojas não atingiram.

CAPÍTULO 10

RELACIONAMENTO DE DADOS

O Power BI permite que se trabalhe com vários bancos de dados simultaneamente, conectando-os para a criação dos relatórios.

Podemos definir o Relacionamento de Dados como uma conexão de dados entre duas ou mais tabelas que possuam um campo em comum, que será o vínculo entre as tabelas para que possamos fazer o vínculo dos dados.

Para que possamos conhecer o funcionamento do relacionamento de base de dados dentro do Power BI, será necessário criar duas bases novas.

Já vimos como importar dados de um arquivo .txt, agora criaremos as nossas bases dados em Excel.

No exemplo deste capítulo, trabalharemos com a base de dados de uma rede de lojas de abrangência mundial, em que realizaremos um comparativo entre os custos e as vendas do semestre.

Crie dois arquivos com os nomes de "Custo e Vendas", e as planilhas de mesmo nome.

Digite os dados para cada base como segue abaixo:

Custos:

CÓDIGO DA LOJA	MÊS	CÓDIGO-MÊS	VALOR TOTAL DOS CUSTOS	QUANTIDADE DE FUNCIONÁRIOS
1110	Janeiro	1110-Janeiro	2449830	74
1111	Janeiro	1111-Janeiro	2695969	50
1112	Janeiro	1112-Janeiro	1837689	68
1113	Janeiro	1113-Janeiro	3792025	57
1114	Janeiro	1114-Janeiro	3996747	105
1115	Janeiro	1115-Janeiro	3475914	91
1116	Janeiro	1116-Janeiro	1263110	100
1117	Janeiro	1117-Janeiro	1941628	62

(continua)

CÓDIGO DA LOJA	MÊS	CÓDIGO-MÊS	VALOR TOTAL DOS CUSTOS	QUANTIDADE DE FUNCIONÁRIOS
1118	Janeiro	1118-Janeiro	748122	71
1119	Janeiro	1119-Janeiro	2629595	68
1120	Janeiro	1120-Janeiro	3400786	74
1121	Janeiro	1121-Janeiro	2615402	82
1122	Janeiro	1122-Janeiro	539674	95
1123	Janeiro	1123-Janeiro	1528462	79
1124	Janeiro	1124-Janeiro	3207532	97
1125	Janeiro	1125-Janeiro	822010	72
1119	Fevereiro	1119-Fevereiro	1306254	68
1120	Fevereiro	1120-Fevereiro	3166740	74
1121	Fevereiro	1121-Fevereiro	420083	82
1122	Fevereiro	1122-Fevereiro	3872938	95
1123	Fevereiro	1123-Fevereiro	2594784	79
1124	Fevereiro	1124-Fevereiro	1215775	97
1125	Fevereiro	1125-Fevereiro	1457909	72
1110	Fevereiro	1110-Fevereiro	2407742	74
1111	Fevereiro	1111-Fevereiro	1477770	50
1112	Fevereiro	1112-Fevereiro	885847	68
1113	Fevereiro	1113-Fevereiro	1646097	57
1114	Fevereiro	1114-Fevereiro	2197237	105
1115	Fevereiro	1115-Fevereiro	3678705	91
1116	Fevereiro	1116-Fevereiro	3986459	100
1117	Fevereiro	1117-Fevereiro	3078097	62
1118	Fevereiro	1118-Fevereiro	2898462	71
1122	Março	1122-Março	791689	95
1123	Março	1123-Março	1442845	79
1124	Março	1124-Março	458055	97
1125	Março	1125-Março	1664590	72
1110	Março	1110-Março	3696778	74
1111	Março	1111-Março	1359307	50
1112	Março	1112-Março	3818313	68
1119	Março	1119-Março	3076309	68

CÓDIGO DA LOJA	MÊS	CÓDIGO-MÊS	VALOR TOTAL DOS CUSTOS	QUANTIDADE DE FUNCIONÁRIOS
1120	Março	1120-Março	2566055	74
1121	Março	1121-Março	2264342	82
1113	Março	1113-Março	1164151	57
1114	Março	1114-Março	2336444	105
1115	Março	1115-Março	615714	91
1116	Março	1116-Março	2201943	100
1117	Março	1117-Março	1638303	62
1118	Março	1118-Março	3770236	71
1110	Abril	1110-Abril	534057	74
1111	Abril	1111-Abril	2112471	50
1112	Abril	1112-Abril	2322154	68
1113	Abril	1113-Abril	4112745	57
1114	Abril	1114-Abril	3034487	105
1115	Abril	1115-Abril	1975933	91
1116	Abril	1116-Abril	3419421	100
1117	Abril	1117-Abril	1473260	62
1118	Abril	1118-Abril	3658808	71
1119	Abril	1119-Abril	1021636	68
1120	Abril	1120-Abril	3460768	74
1121	Abril	1121-Abril	1274321	82
1122	Abril	1122-Abril	692685	95
1123	Abril	1123-Abril	493970	79
1124	Abril	1124-Abril	1790481	97
1125	Abril	1125-Abril	1707294	72
1119	Maio	1119-Maio	1362768	68
1120	Maio	1120-Maio	682499	74
1121	Maio	1121-Maio	3333559	82
1122	Maio	1122-Maio	778755	95
1123	Maio	1123-Maio	568359	79
1124	Maio	1124-Maio	4073403	97
1125	Maio	1125-Maio	4127101	72

(continua)

CÓDIGO DA LOJA	MÊS	CÓDIGO-MÊS	VALOR TOTAL DOS CUSTOS	QUANTIDADE DE FUNCIONÁRIOS
1110	Maio	1110-Maio	1583053	74
1111	Maio	1111-Maio	463061	50
1112	Maio	1112-Maio	1998039	68
1113	Maio	1113-Maio	4130374	57
1114	Maio	1114-Maio	461314	105
1115	Maio	1115-Maio	3978005	91
1116	Maio	1116-Maio	2552679	100
1117	Maio	1117-Maio	2222589	62
1118	Maio	1118-Maio	1289051	71
1122	Junho	1122-Junho	923236	95
1123	Junho	1123-Junho	3507975	79
1124	Junho	1124-Junho	3197932	97
1125	Junho	1125-Junho	576868	72
1110	Junho	1110-Junho	3866076	74
1111	Junho	1111-Junho	1284664	50
1112	Junho	1112-Junho	1566984	68
1119	Junho	1119-Junho	1870412	68
1120	Junho	1120-Junho	450361	74
1121	Junho	1121-Junho	2713254	82
1113	Junho	1113-Junho	1237426	57
1114	Junho	1114-Junho	1131773	105
1115	Junho	1115-Junho	1639332	91
1116	Junho	1116-Junho	986853	100
1117	Junho	1117-Junho	1148199	62
1118	Junho	1118-Junho	698310	71

Vendas:

PAÍS	CONTINENTE	CÓDIGO DA LOJA	LOJA	MÊS	CÓDIGO-MÊS	VALOR DAS VENDAS
Brasil	América do Sul	1110	LA1	Janeiro	1110-Janeiro	2500000
França	Europa	1111	LA23	Janeiro	1111-Janeiro	2289722
Inglaterra	Europa	1112	LA12	Janeiro	1112-Janeiro	3398516
Estados Unidos	América do Norte	1113	LA2	Janeiro	1113-Janeiro	2849017
Argentina	América do Sul	1114	LA10	Janeiro	1114-Janeiro	2672898
Espanha	Europa	1115	LA18	Janeiro	1115-Janeiro	3114234
México	América do Norte	1116	LA4	Janeiro	1116-Janeiro	2521933
Suíça	Europa	1117	LA13	Janeiro	1117-Janeiro	1287952
Chile	América do Sul	1118	LA24	Janeiro	1118-Janeiro	780134
Dinamarca	Europa	1119	LA5	Janeiro	1119-Janeiro	808827
Alemanha	Europa	1120	LA11	Janeiro	1120-Janeiro	562738
Uruguai	América do Sul	1121	LA9	Janeiro	1121-Janeiro	2648770
Portugal	Europa	1122	LA7	Janeiro	1122-Janeiro	2069244
Noruega	Europa	1123	LA22	Janeiro	1123-Janeiro	1158441
Itália	Europa	1124	LA6	Janeiro	1124-Janeiro	4105191
Canadá	América do Norte	1125	LA8	Janeiro	1125-Janeiro	2236639
Dinamarca	Europa	1119	LA5	Fevereiro	1119-Fevereiro	1832875
Alemanha	Europa	1120	LA11	Fevereiro	1120-Fevereiro	1191886

(continua)

PAÍS	CONTINENTE	CÓDIGO DA LOJA	LOJA	MÊS	CÓDIGO-MÊS	VALOR DAS VENDAS
Uruguai	América do Sul	1121	LA9	Fevereiro	1121-Fevereiro	2773541
Portugal	Europa	1122	LA7	Fevereiro	1122-Fevereiro	1745456
Noruega	Europa	1123	LA22	Fevereiro	1123-Fevereiro	2845302
Itália	Europa	1124	LA6	Fevereiro	1124-Fevereiro	2949960
Canadá	América do Norte	1125	LA8	Fevereiro	1125-Fevereiro	2902700
Brasil	América do Sul	1110	LA1	Fevereiro	1110-Fevereiro	4285264
França	Europa	1111	LA23	Fevereiro	1111-Fevereiro	633413
Inglaterra	Europa	1112	LA12	Fevereiro	1112-Fevereiro	4264971
Estados Unidos	América do Norte	1113	LA2	Fevereiro	1113-Fevereiro	4270243
Argentina	América do Sul	1114	LA10	Fevereiro	1114-Fevereiro	2861741
Espanha	Europa	1115	LA18	Fevereiro	1115-Fevereiro	1338817
México	América do Norte	1116	LA4	Fevereiro	1116-Fevereiro	887934
Suíça	Europa	1117	LA13	Fevereiro	1117-Fevereiro	3507853
Chile	América do Sul	1118	LA24	Fevereiro	1118-Fevereiro	2816486
Portugal	Europa	1122	LA7	Março	1122-Março	1414332
Noruega	Europa	1123	LA22	Março	1123-Março	716123
Itália	Europa	1124	LA6	Março	1124-Março	553906
Canadá	América do Norte	1125	LA8	Março	1125-Março	1208058
Brasil	América do Sul	1110	LA1	Março	1110-Março	1797176
França	Europa	1111	LA23	Março	1111-Março	1175692

PAÍS	CONTINENTE	CÓDIGO DA LOJA	LOJA	MÊS	CÓDIGO-MÊS	VALOR DAS VENDAS
INGLATERRA	Europa	1112	LA12	Março	1112-Março	1362154
DINAMARCA	Europa	1119	LA5	Março	1119-Março	2135484
ALEMANHA	Europa	1120	LA11	Março	1120-Março	3818951
URUGUAI	América do Sul	1121	LA9	Março	1121-Março	523731
ESTADOS UNIDOS	América do Norte	1113	LA2	Março	1113-Março	3504510
ARGENTINA	América do Sul	1114	LA10	Março	1114-Março	594399
ESPANHA	Europa	1115	LA18	Março	1115-Março	1376647
MÉXICO	América do Norte	1116	LA4	Março	1116-Março	612819
SUÍÇA	Europa	1117	LA13	Março	1117-Março	2935949
CHILE	América do Sul	1118	LA24	Março	1118-Março	3534510
BRASIL	América do Sul	1110	LA1	Abril	1110-Abril	2408277
FRANÇA	Europa	1111	LA23	Abril	1111-Abril	1750803
INGLATERRA	Europa	1112	LA12	Abril	1112-Abril	3650288
ESTADOS UNIDOS	América do Norte	1113	LA2	Abril	1113-Abril	3264278
ARGENTINA	América do Sul	1114	LA10	Abril	1114-Abril	2875471
ESPANHA	Europa	1115	LA18	Abril	1115-Abril	4047006
MÉXICO	América do Norte	1116	LA4	Abril	1116-Abril	4163125
SUÍÇA	Europa	1117	LA13	Abril	1117-Abril	2001495
CHILE	América do Sul	1118	LA24	Abril	1118-Abril	2161460

(continua)

PAÍS	CONTINENTE	CÓDIGO DA LOJA	LOJA	MÊS	CÓDIGO-MÊS	VALOR DAS VENDAS
DINAMARCA	Europa	1119	LA5	Abril	1119-Abril	3834469
ALEMANHA	Europa	1120	LA11	Abril	1120-Abril	1510555
URUGUAI	América do Sul	1121	LA9	Abril	1121-Abril	3759545
PORTUGAL	Europa	1122	LA7	Abril	1122-Abril	2981025
NORUEGA	Europa	1123	LA22	Abril	1123-Abril	3874283
ITÁLIA	Europa	1124	LA6	Abril	1124-Abril	1838831
CANADÁ	América do Norte	1125	LA8	Abril	1125-Abril	1911699
DINAMARCA	Europa	1119	LA5	Maio	1119-Maio	1460987
ALEMANHA	Europa	1120	LA11	Maio	1120-Maio	4281626
URUGUAI	América do Sul	1121	LA9	Maio	1121-Maio	3265123
PORTUGAL	Europa	1122	LA7	Maio	1122-Maio	734135
NORUEGA	Europa	1123	LA22	Maio	1123-Maio	3601529
ITÁLIA	Europa	1124	LA6	Maio	1124-Maio	2794484
CANADÁ	América do Norte	1125	LA8	Maio	1125-Maio	3123758
BRASIL	América do Sul	1110	LA1	Maio	1110-Maio	2493263
FRANÇA	Europa	1111	LA23	Maio	1111-Maio	2735008
INGLATERRA	Europa	1112	LA12	Maio	1112-Maio	1053530
ESTADOS UNIDOS	América do Norte	1113	LA2	Maio	1113-Maio	4265219
ARGENTINA	América do Sul	1114	LA10	Maio	1114-Maio	4026225
ESPANHA	Europa	1115	LA18	Maio	1115-Maio	2477720

PAÍS	CONTINENTE	CÓDIGO DA LOJA	LOJA	MÊS	CÓDIGO-MÊS	VALOR DAS VENDAS
México	América do Norte	1116	LA4	Maio	1116-Maio	517991
Suíça	Europa	1117	LA13	Maio	1117-Maio	582284
Chile	América do Sul	1118	LA24	Maio	1118-Maio	2648016
Portugal	Europa	1122	LA7	Junho	1122-Junho	2587401
Noruega	Europa	1123	LA22	Junho	1123-Junho	3351061
Itália	Europa	1124	LA6	Junho	1124-Junho	1946225
Canadá	América do Norte	1125	LA8	Junho	1125-Junho	2660828
Brasil	América do Sul	1110	LA1	Junho	1110-Junho	622855
França	Europa	1111	LA23	Junho	1111-Junho	1368771
Inglaterra	Europa	1112	LA12	Junho	1112-Junho	1563688
Dinamarca	Europa	1119	LA5	Junho	1119-Junho	3658087
Alemanha	Europa	1120	LA11	Junho	1120-Junho	4082979
Uruguai	América do Sul	1121	LA9	Junho	1121-Junho	3500420
Estados Unidos	América do Norte	1113	LA2	Junho	1113-Junho	3981855
Argentina	América do Sul	1114	LA10	Junho	1114-Junho	2721791
Espanha	Europa	1115	LA18	Junho	1115-Junho	1061999
México	América do Norte	1116	LA4	Junho	1116-Junho	1668582
Suíça	Europa	1117	LA13	Junho	1117-Junho	1277019
Chile	América do Sul	1118	LA24	Junho	1118-Junho	2915376

Crie um novo arquivo do Power BI e salve com o nome de Relatório 3.

As bases de dados terão que ser carregadas uma de cada vez.

Clique no botão "Obter Dados" na guia Base, selecione a opção de Excel e faça a ligação dos dados do arquivo Custo, aguarde até que a conexão seja realizada.

FIGURA 10.1

Após ser realizada a ligação, veja que serão exibidos o arquivo do Excel e as planilhas existentes, que no caso têm o mesmo nome de Custo.

Marque a planilha e, em seguida, clique em Carregar.

FIGURA 10.2

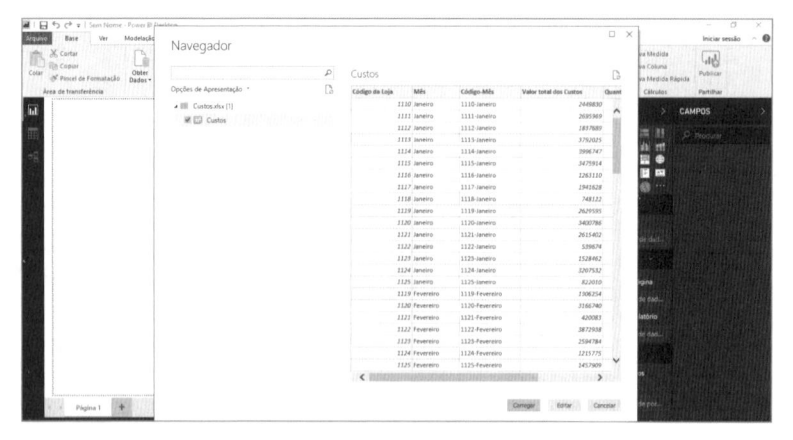

Será apresentada a tela de carregamento dos dados para o Power BI.

Figura 10.3

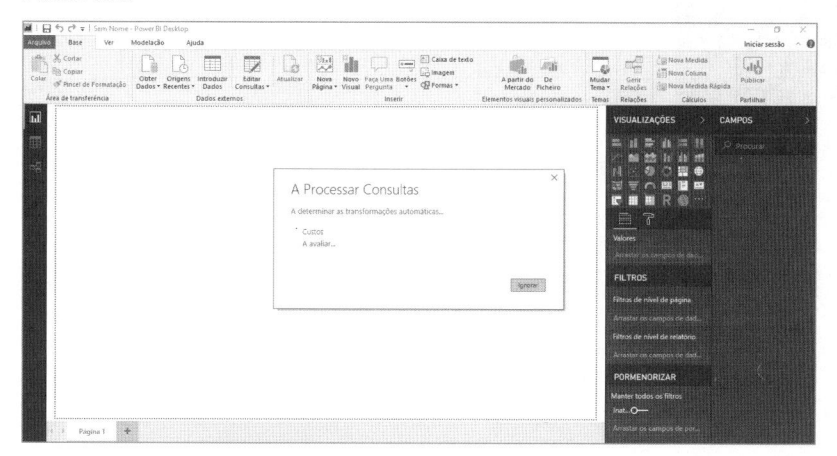

Após o carregamento, a base de dados Custos será exibida no painel "Campos". Faça agora o mesmo processo com o arquivo Vendas.

Figura 10.4

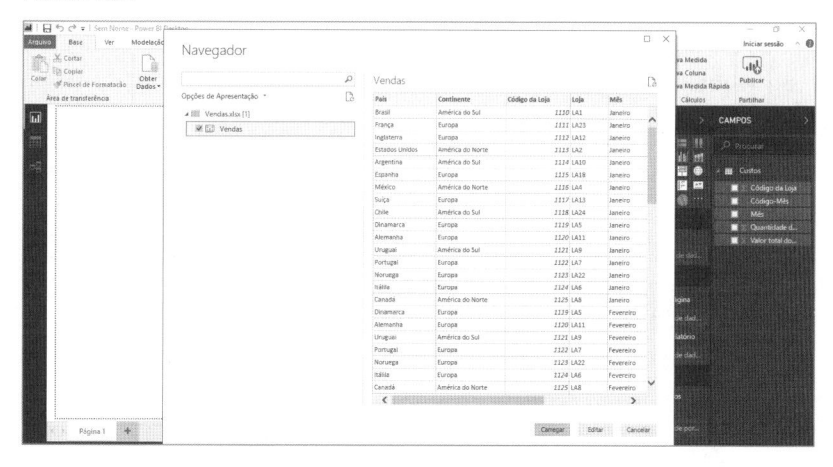

Serão exibidas as duas bases de dados, uma abaixo da outra, no painel "Campos", se tivéssemos mais bases, o processo seria o mesmo.

FIGURA 10.5

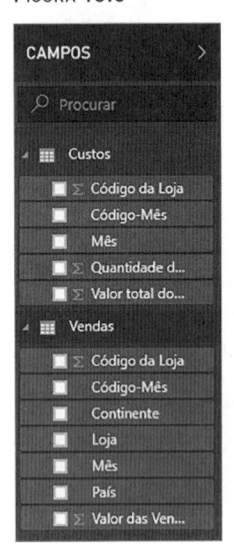

Para realizar o relacionamento das duas bases de dados, vamos alterar a visualização do Power BI de Relatório para Relações.

Clique no botão "Relações", localizado no canto superior esquerdo da página.

Note que a relação entre as duas bases de dados foi criada automaticamente pelo Power BI, isso acontece pois ele identifica o nome dos campos e a relação desses dados e já estabelece a conexão.

FIGURA 10.6

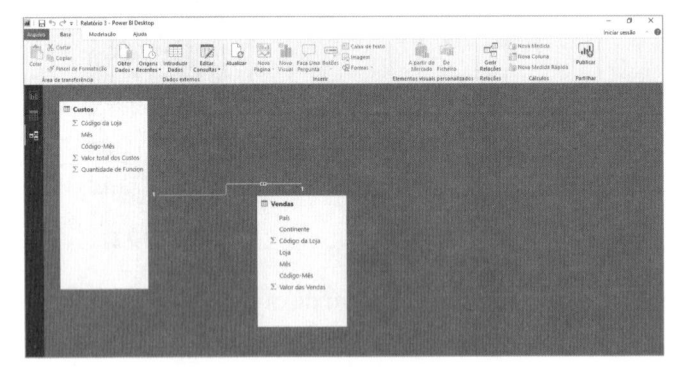

Quando passamos o ponteiro do mouse sobre a linha que faz a ligação entre as duas bases de dados, são exibidos os campos que estão fazendo a relação entre as tabelas.

Figura 10.7

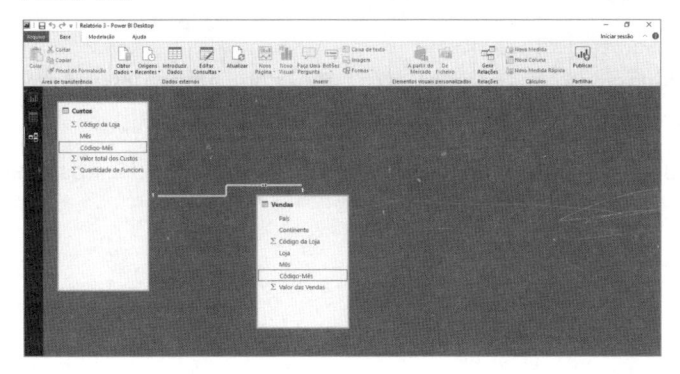

Veja que os campos que estão se relacionando são o de Código-Mês.

Esse campo foi criado justamente para que tenhamos a possibilidade de fazer a conexão, nesse caso ele se assemelha a um CPF que pode conectar várias informações através dele.

Na linguagem de Banco de Dados, damos o nome para esse tipo de campo de Chave Estrangeira, pois permite a conexão de vários bancos de dados, permitindo a criação de várias tipos de relação. Diferente da Chave Primária que é um campo da base que permite a identificação única dos registros (na maioria das vezes é denominado o tipo de dado "autoincrementável"), com isso evitamos a repetição dos dados inseridos.

Em outras situações é provável que você necessite realizar o relacionamento das bases de dados com outros campos que não sejam os definidos automaticamente pelo Power BI.

Para realizar o relacionamento manual dos campos, clique duas vezes com o indicador do mouse na linha de conexão e será exibida a tela igual à Figura 10.8.

Figura 10.8

A tela apresenta a exibição das duas bases de dados e é possível selecionar outras bases caso se as tenha.

Para mudar o relacionamento dos campos, basta clicar no campo desejado tanto na primeira quanto na segunda base de dados.

Abaixo teremos a opção de Cardinalidade, que significa o tipo de relacionamento que será criado.

Figura 10.9

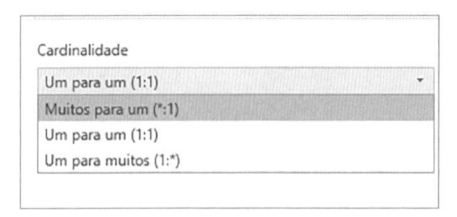

```
Cardinalidade
Um para um (1:1)
Muitos para um (*:1)
Um para um (1:1)
Um para muitos (1:*)
```

- **Muitos-para-um:** No relacionamento muitos-para-um, um registro da Base de Dados primária pode se corresponder com vários registros da base secundária e vice-versa. Em outras palavras, um relacionamento muitos-para-um são dois relacionamentos um-para-muitos com uma base de dados intermediária.

- **Um-para-um:** No relacionamento um-para-um, cada registro da base de dados primária corresponde apenas com um registro da base secundária. Em outras palavras não há ambiguidade, por isso que fazemos a relação com as chaves primárias. Este tipo de relacionamento não é muito utilizado, pois os registros poderiam estar na mesma base, é recomendado quando desejamos dividir uma base que tenha muitos campos.

- **Um-para-muitos:** No relacionamento um-para-muitos, cada registro na tabela primária possui um ou mais registros correspondentes na base secundária. Este é o relacionamento mais comum e utilizado em um Banco de Dados.

No nosso caso, a escolha correta é a de Um-para-um, pois teremos para cada registro do campo Código-Mês na base de dados Custo um mesmo correspondente na base de dados Vendas, pois se referem ao código da loja com o mês de avaliação dos valores.

No botão "Gerir Relações" localizadas na Guia Base (Figura 10.10), é possível identificar de maneira mais clara as relações que estão sendo realizadas, principalmente quando temos muitas bases de dados envolvidas.

FIGURA 10.10

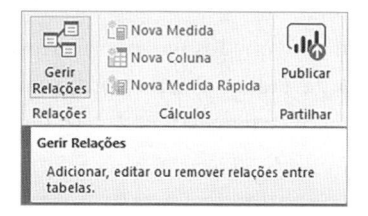

FIGURA 10.11

Agora que já exploramos as ferramentas disponíveis para criação de relações, volte para exibição da página no formato de relatório para que possamos criar o Dashboard e ver o comportamento das bases relacionadas.

Crie quatro páginas com os nomes:

1. Início;
2. Relatório de Custos;
3. Relatório de Vendas;
4. Relatório de Resultados;

Na página Início, criaremos uma pequena introdução sobre o relatório para que os usuários possam entender qual sistemática para o desenvolvimento dos painéis indicadores do relatório.

Crie uma caixa de texto e digite o título:

Relatório de Resultados 1º Semestre de 2018

Insira uma segunda caixa de texto com os dizeres:

Os resultados apresentados nos painéis gráficos desenvolvidos nesse relatório são referentes aos valores coletados nos meses de janeiro, fevereiro, março, abril, maio e junho do ano de 2018, que servirão para a tomada de ações e planejamento estratégico de curto e médio prazo.

Insira abaixo do texto um visual de Mapas de mancha e adicione o campo "Continente" ao mapa. Você notará que os três continentes que serão preenchidos com mancha são: América do Norte, América do Sul e Europa, justamente nos quais temos as lojas.

Aplique as cores de texto, fundo e mapa como julgar necessário, não necessariamente deverá ser igual a do livro, porém para o acompanhamento da atividade para que o leitor possa verificar se as aplicações estão corretas, o resultado da primeira página deverá ser semelhante ao da Figura 10.12.

FIGURA 10.12

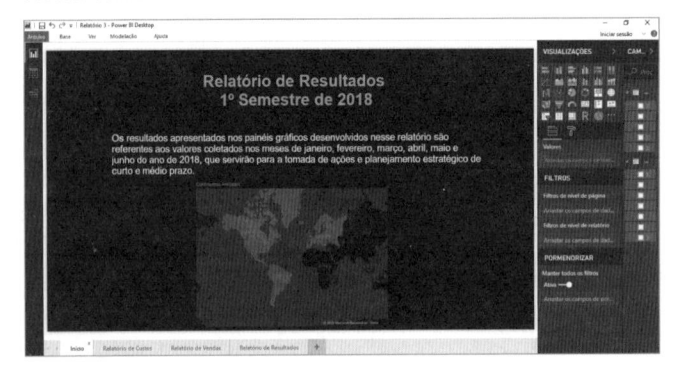

Na página "Relatório de Custos", adicione uma caixa de texto e digite:

- Custos do Semestre de 2018.
- O primeiro visual que inseriremos é o de "Gráfico de linhas"; nesse gráfico o objetivo será de analisar a evolução dos custos pelos meses de acordo com o continente. Porém, se analisarmos, a base de dados do custo só possui os campos Mês e Valor total dos Custos, o que impossibilitaria de fazer a análise por não termos os continentes, mas como realizamos o relacionamento das bases de dados através do campo Código-Mês, podemos utilizar o campo Continente da base de Vendas que apresentará o resultado que desejamos.

Após inserir o visual de Gráfico de linha, posicione os campos no painel igual à Figura 10.13 e veja o resultado do gráfico na Figura 10.14.

FIGURA 10.13

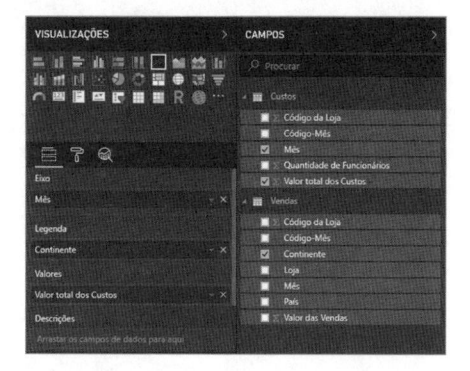

FIGURA 10.14

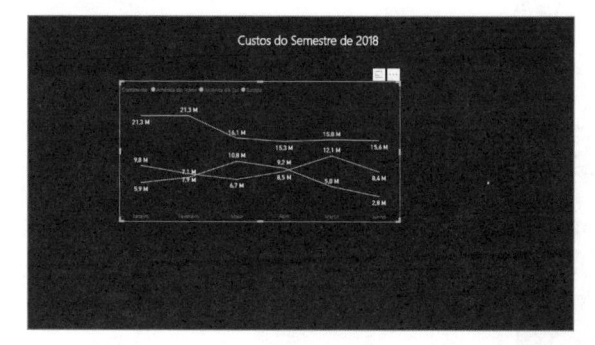

Insira três elementos visuais de segmentação e aplique os campos de: País, Continente e Mês, formate e distribua-os na página igual à Figura 10.15.

FIGURA 10.15

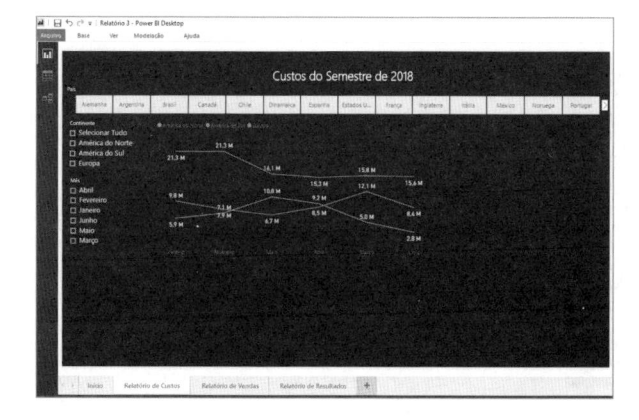

Para que possamos visualizar os custos totais de cada país e sua representação do total, insira o visual de Funil, adicionando o campo "Valor total dos Custos da base Custos" e o campo "Mês da base Vendas".

Formate o visual acrescentando no estilo da etiqueta a visualização do "Valor de dados e percentual".

FIGURA 10.16

Adicione o Gráfico de anel com os campos de "Valor total dos Custos por Continentes".

FIGURA 10.17

E, para finalizar, insira o visual de Treemap para exibir o Valor total dos Custos por mês.

FIGURA 10.18

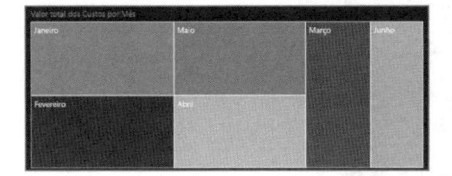

O resultado do Dashboard deverá ser igual ao da Figura 10.19.

FIGURA 10.19

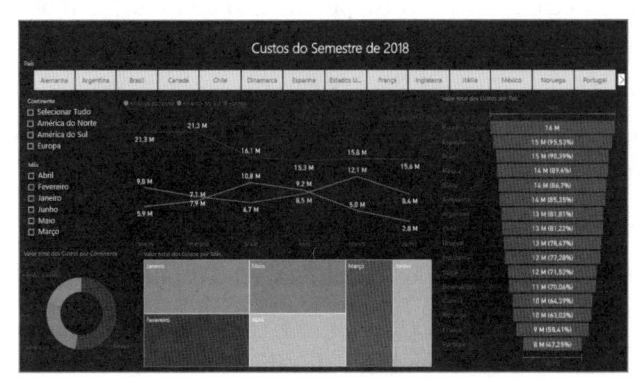

Com as segmentações criadas e os visuais, será possível analisar os custos com a representação total de cada continente, por país e sua variação nos meses.

Na página Relatório de Vendas faça o processo da página anterior, utilizando os mesmos visuais, porém aplicando os valores da base de dados de Vendas.

Obs: Nessa situação, você pode optar pela duplicação da página Relatório de Custos e depois selecionar os visuais e alterar o campo de Valor total de Custos por Valor das Vendas.

Para duplicar uma página, clique com o botão direito em cima da página Relatório de Vendas e em seguida serão exibidas as opções, clique em Página Duplicada.

O resultado da página Relatório de Vendas deverá ser igual à Figura 10.20.

Figura 10.20

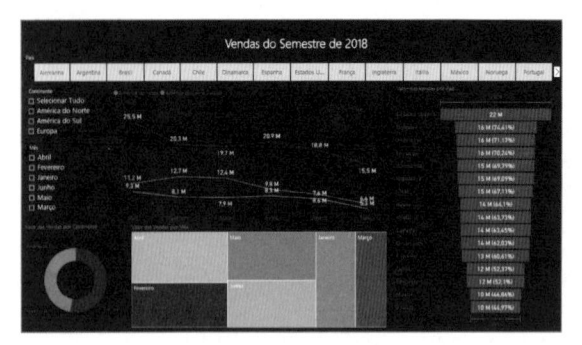

Na página Relatório de Resultados, apuraremos os resultados que, nesse caso, compreendem a diferença entre as Vendas e os Custos, porém, não temos um campo que tenha esses valores, até pelo fato de que os campos estão em bases de dados diferentes.

Para essa situação teremos que aplicar uma nova Medida utilizando uma fórmula DAX como vimos no Capítulo 9. Como as bases de dados estão relacionadas, será possível encontrar o resultado esperado.

Insira uma nova medida com o nome de Resultado Apurado.

Aplique a fórmula de subtração do campo "Valor das Vendas por Valor total de Custos", como podemos ver abaixo:

Resultado Apurado = SUM(Vendas[Valor das Vendas]) – SUM(Custos[Valor total dos Custos])

Veja na Figura 10.21 que o painel "Campos" mostra a "Medida Resultado Apurado".

Figura 10.21

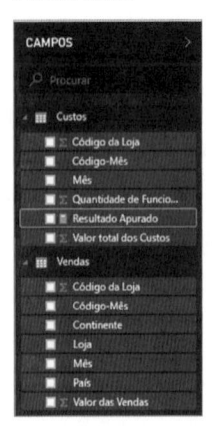

Agora que já temos o Resultado Apurado, vamos começar a construção da última página do nosso relatório.

Insira o título com os dizeres:

- Resultado Apurado do 1º Semestre de 2018.
- Em seguida adicione três Segmentações de Dados, vinculadas aos campos: Continente, Mês e País.

Aplique a disposição das segmentações de forma que fique igual à da Figura 10.22.

FIGURA 10.22

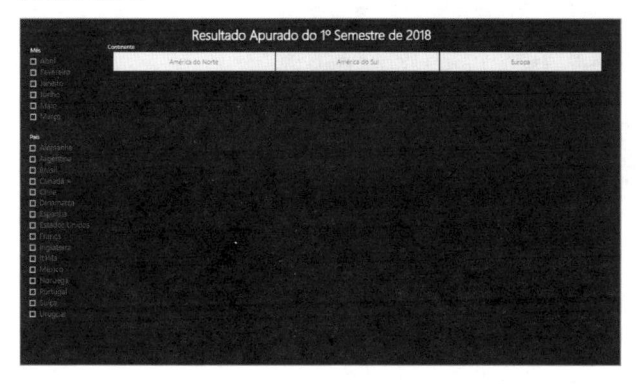

Na sequência, adicione um visual de Mapa de Manchas, aplicando os campos de País e Resultado Apurado, para que sejam exibidos os resultados de cada país, e para que tenhamos a visão macro dos países em que tivemos resultados positivos e negativos.

Veja o resultado na Figura 10.23.

FIGURA 10.23

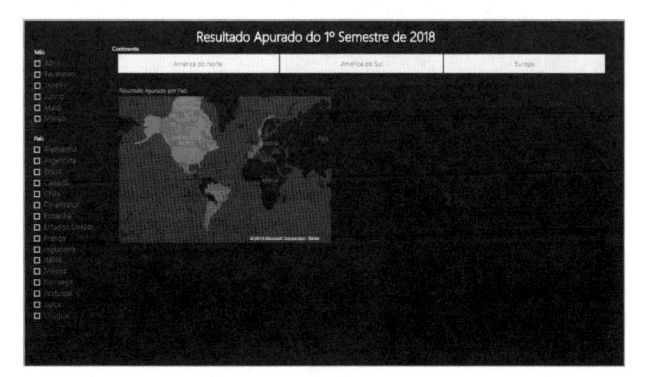

Para que possamos analisar os resultados apurados, de forma que possamos ver o foco dos valores negativos, se houver, inseriremos o Gráfico de cascata com o campo "Resultado Apurado por País".

Veja na Figura 10.24 o resultado do gráfico, e analise que no semestre tivemos três países com resultados negativos: México, Brasil e Espanha.

FIGURA 10.24

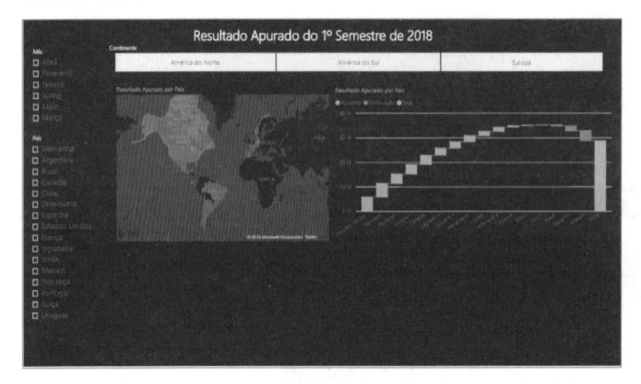

Faremos agora o visual de Gráfico de colunas 100% empilhadas, e adicionaremos os campos País, Valor total dos Custos e Valor das Vendas, para que tenhamos em representação de percentual a diferença do acumulado entre os Custos e as Vendas.

Veja o resultado até o momento na Figura 10.25.

FIGURA 10.25

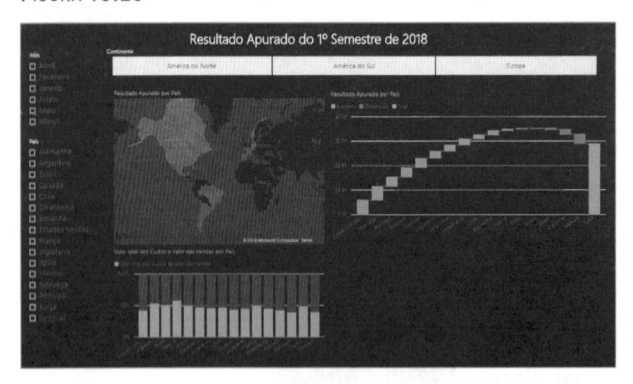

Para representar o Valor total de Custos e o Valor das Vendas, de forma geral, vamos aplicar dois Gráficos de anel para cada campo, por mês.

FIGURA 10.26

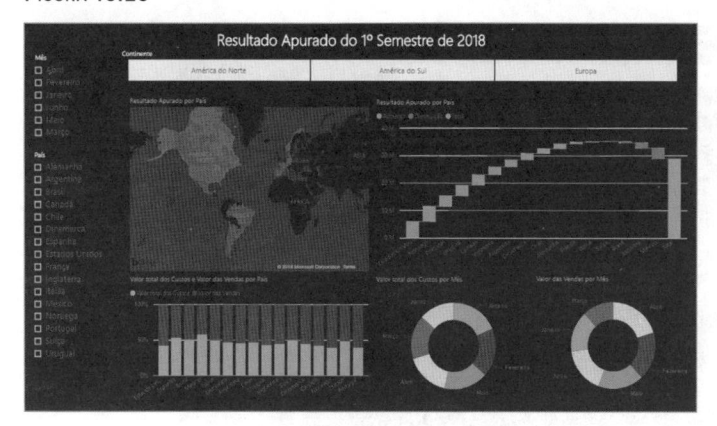

Para finalizar o nosso Dashboard, vamos adicionar dois visuais de Cartão, que ficarão no canto inferior esquerdo.

O primeiro cartão conterá o nome do país, já o segundo, o resultado apurado.

O nome e valor exibido serão da Alemanha, pois é o primeiro país em ordem alfabética, conforme forem alterados os filtros será exibido o país correspondente, fazendo com que o usuário tenha um resumo mais ágil dos resultados obtidos de cada país, de acordo com o filtro aplicado.

FIGURA 10.27

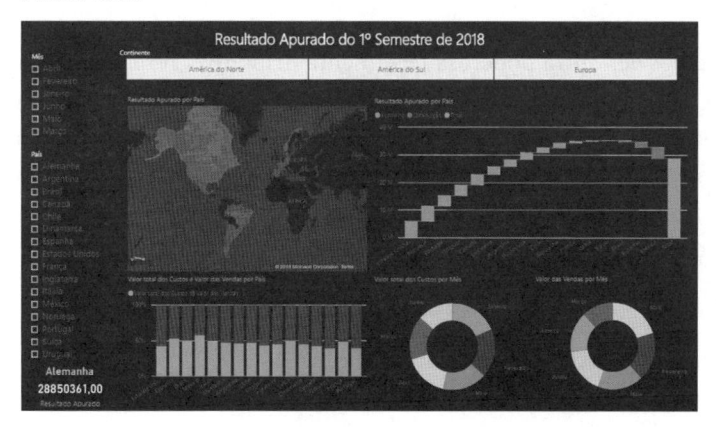

Agora que a nossa página de resultado está pronta, vamos realizar a análise dos dados.

Filtre de acordo com a segmentação de dados os resultados do Continente Europeu referentes ao mês de janeiro.

FIGURA 10.28

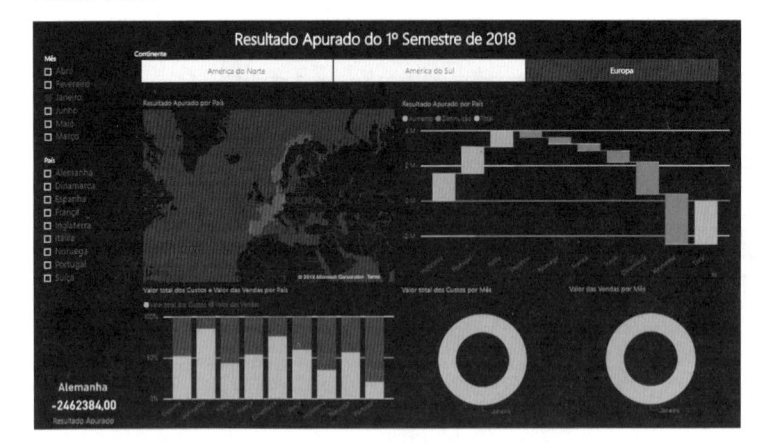

Note que, nos valores acumulados, somente a Espanha apresenta resultado negativo, porém quando restringimos a visualização para o mês de janeiro, é possível constatar que somente Inglaterra, Portugal e Itália obtiveram saldo positivo esse mês.

Explore outras ações selecionando outras combinações da segmentação e análise os resultados para descobrir os cenários apresentados pelo relatório.

10.1. CONCLUSÃO

Nesse capítulo podemos ver outra poderosa ferramenta disponível no Power BI, que é o relacionamento da base de dados. Com essa ferramenta é possível realizar a conexão com várias bases de dados que podem se conectar pelos campos em comum, permitindo desenvolver relatórios poderosos na busca por informação, diminuindo o volume de relatórios que teriam de ser criados para cada Base de Dados, a fim de analisar as informações. Dessa maneira é possível realizar as correlações que suprem a criação de muitos relatórios individuais.

Exercícios

1. Crie uma nova base de dados de acordo a tabela abaixo e salve com nome de Custo-Janeiro:

CÓDIGO DA LOJA	MÊS	CUSTO DO MÊS R$
P1	Janeiro	R$ 48.500,00
P2	Janeiro	R$ 41.600,00
P3	Janeiro	R$ 48.000,00
P4	Janeiro	R$ 58.800,00
P5	Janeiro	R$ 31.400,00
P6	Janeiro	R$ 48.500,00
R1	Janeiro	R$ 49.000,00
R2	Janeiro	R$ 33.000,00
R3	Janeiro	R$ 31.400,00
B1	Janeiro	R$ 23.900,00
B2	Janeiro	R$ 25.900,00
B3	Janeiro	R$ 20.700,00
E1	Janeiro	R$ 28.675,00
E2	Janeiro	R$ 16.800,00

2. Insira a nova base de dados ao relatório Exercício e faça o relacionamento com base de dados existente.

3. Crie uma quarta página com nome de Custos X Vendas e insira uma nova Medida e expressão DAX que calcule a diferença entre o total de Vendas sobre os Custos, altere o nome da medida para Lucro.

4. Insira os visuais e campos na nova página como segue abaixo:

    1º. Gráfico de Mapas de Manchas — Campos Estado e Lucro.

    2º. Gráfico de Friso — Campos Código da Loja, Resultado R$ e Meta R$.

    3º. Gráfico de Funil — Campo Código da Loja e Lucro.

    4º. Insira as segmentações de Dados de Estado.

5. Análise os dados apresentados e indique quais lojas, caso haja, que apresentaram resultado negativo com base no Lucro.

CAPÍTULO 11

PUBLICAÇÃO E VISUALIZAÇÃO DO DASHBOARD

O Power BI é um programa que permite o compartilhamento em nuvem, possibilitando compartilhar os relatórios criados com vários membros da equipe, além de proporcionar atualização das informações em tempo real, não necessitando gerar outro relatório para isso.

Neste capítulo, aprenderemos os tipos de publicação disponibilizados pela plataforma do Power BI e como utilizar esses recursos para facilitar o dia a dia das análises de dados e distribuição dos relatórios.

Há duas maneiras de se trabalhar com a publicação dos relatórios desenvolvidos no Power BI Desktop: a primeira é de forma gratuita, na qual a Microsoft disponibiliza uma versão do Power BI na Web, sendo necessário possuir uma conta de e-mail corporativa (não necessariamente precisa estar atrelada a algum plano corporativo da Microsoft) para ter acesso a essa plataforma, e a segunda maneira é possuindo o Power BI Pro, que, como vimos anteriormente, é uma versão paga.

Como as duas maneiras oferecem possibilidades de publicação diferenciadas, abordaremos as duas neste capítulo.

11.1. PUBLICAÇÃO POWER BI WEB GRATUITA

Para este exemplo, utilizaremos o Relatório 2, desenvolvido nos Capítulos 7, 8 e 9 deste livro.

Antes de realizarmos a publicação, você deverá criar uma conta no Power BI, para isso é necessário fazê-la através de um e-mail corporativo, caso tente com um e-mail pessoal, o site não aceitará e você não conseguirá fazer o cadastro.

Acesse o site:

FIGURA 11.1

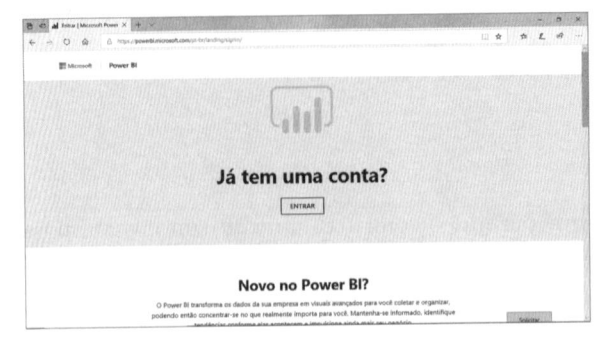

Role a barra de rolagem até o fim e será exibida a página para a inscrição gratuita (Figura 11.2), digite o e-mail e clique no botão "Use Gratuitamente".

FIGURA 11.2

Será exibida uma tela de cadastro (Figura 11.3), faça o preenchimento das informações e siga os procedimentos conforme descrito e seu cadastro será efetuado com sucesso.

FIGURA 11.3

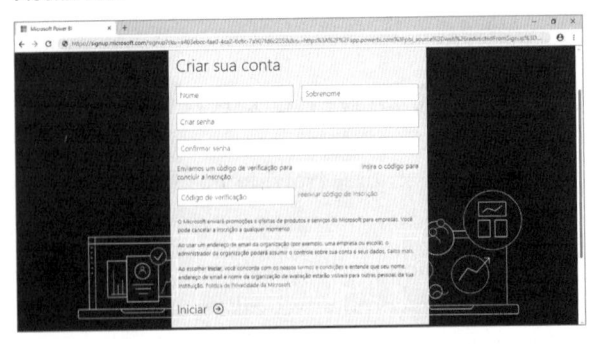

É provável que ao término do cadastro já seja exibido o ambiente de desenvolvimento online do Power BI Web, mas para que não pulemos etapas no aprendizado, faça o logout para darmos sequência na atividade.

Após a realização do cadastro no Power BI Web, abra o arquivo Relatório 2.

Já foi visto nos primeiros capítulos que o botão Publicar aparece em diferentes lugares e tem o mesmo efeito quando acionado.

FIGURA 11.4

Clique no botão Publicar e será exibida uma janela igual à da Figura 11.5.

FIGURA 11.5

Digite o e-mail corporativo que você cadastrou no site para que possa iniciar a sessão com o Power BI Web.

Após clicar no botão Iniciar Sessão, serão apresentadas duas versões para escolha. Selecione a primeira opção Power BI e prossiga.

FIGURA 11.6

A próxima janela será a de Login. Insira novamente o e-mail e, na sequência, a senha que você cadastrou na inscrição.

Figura 11.7

A janela Publicar no Power BI será apresentada solicitando em qual destino deseja publicá-lo, no momento só apresentará o destino de "A minha área de trabalho" (Figura 11.8). Se você tiver uma conta corporativa vinculada a Microsoft e participar de alguns grupos de trabalho, é provável que a área desses grupos seja exibida para você ter a opção de publicar neles também.

Figura 11.8

Ao prosseguir, a janela começará a carregar o relatório na plataforma web do Power BI.

FIGURA 11.9

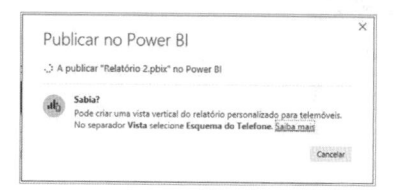

O navegador será aberto e você estará no Power BI Web, na área de apresentação conforme podemos ver na Figura 11.10.

FIGURA 11.10

Clique no botão "Meu Workspace", localizado na barra lateral esquerda, e será apresentada a tela com os seus trabalhos desenvolvidos, clique na opção "Relatórios" e você verá que o Relatório 2 estará publicado.

FIGURA 11.11

Clique no relatório e ele será exibido como podemos ver na Figura 11.12.

Figura 11.12

Ainda não é possível que as pessoas tenham acesso ao relatório.

Antes de darmos continuidade, é importante que você saiba que essa publicação gerará um link para que você possa disponibilizar o acesso ao relatório para quem você desejar, porém permitirá que qualquer um que tenha o link gerado veja o relatório e também deixará disponível na nuvem dos servidores da Microsoft que poderá exibir o seu relatório e dados em um site público.

É importante sempre avaliar se terá algum problema em divulgar determinadas informações na internet, principalmente os dados corporativos de uma empresa.

É possível limitar e definir quem poderá ter acesso exclusivo a esse relatório somente na versão Pro, que abordaremos mais à frente.

Como os dados que estamos trabalhando nesse livro são fictícios, continuaremos o processo de publicação do relatório.

Clique no botão "Arquivo", localizado no canto superior esquerdo.

Serão exibidas algumas opções, mas a que queremos é a de "Publicar na Web".

Figura 11.13

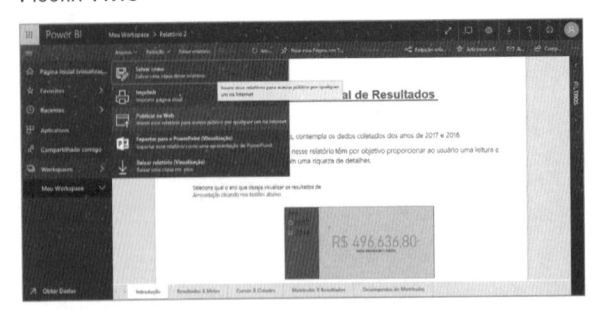

A janela inserir em um site público será exibida informando como será feito o processo de publicação do relatório.

FIGURA 11.14

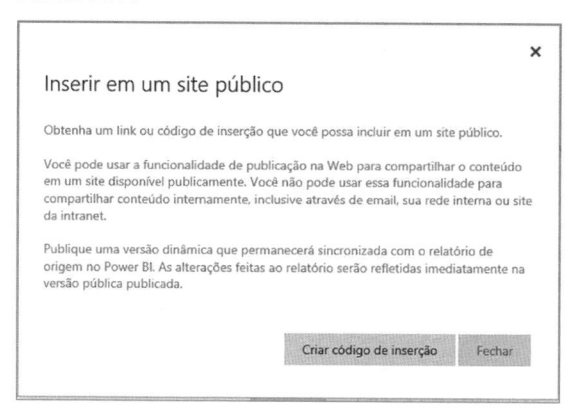

A próxima janela é justamente a que alerta ao usuário de que o relatório ficará disponível na Web, e que outras pessoas poderão ter acesso ao conteúdo divulgado. Se você concorda com os termos informados, prossiga na publicação.

FIGURA 11.15

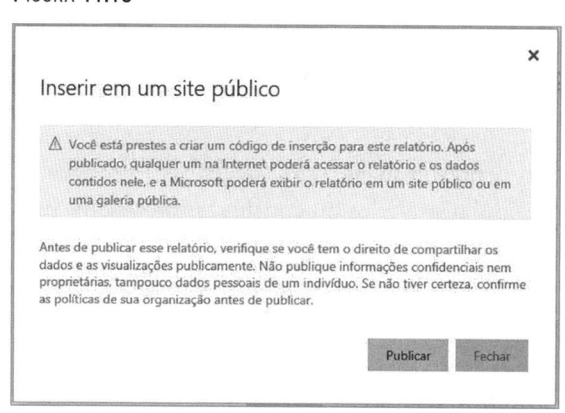

A janela seguinte exibirá o link gerado, para que você possa compartilhar com outros usuários o seu relatório, e também um código em Html para aplicar em site ou blog e, dessa forma, conectá-lo a sua página.

FIGURA 11.16

Acesse o link para verificar a aparência do Relatório 2 na Web.

FIGURA 11.17

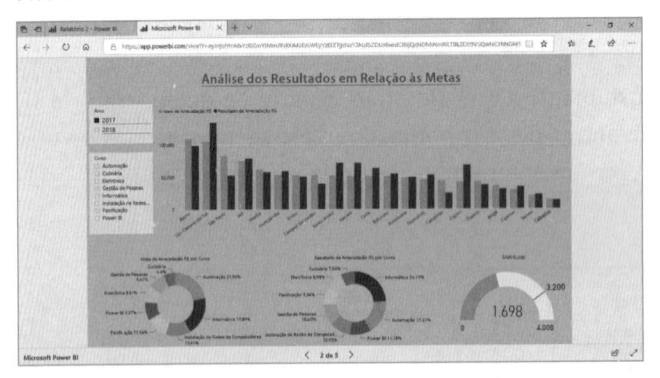

Perceba que o Relatório só permite que o usuário tenha acesso às segmentações de dados aplicadas, não podendo manipular os dados ou configurar os visuais, por isso é importante conhecer o interesse que a equipe ou os gestores terão, e quais análises necessitam realizar, para que a montagem do relatório seja feita de forma adequada à necessidade.

OBSERVAÇÃO

Depois que você publicou na Web, é possível excluir o relatório utilizando o botão "Excluir" localizado no canto direito do relatório na visualização Meu Workspace.

11.2. PUBLICAÇÃO DO RELATÓRIO NO FORMATO DO POWERPOINT E PDF

É possível que você tenha que apresentar alguma análise importante do Relatório para uma equipe, ou até mesmo enviar essa análise que você identificou ser importante para o seu chefe, porém muitas pessoas ainda não são familiarizadas com o Power BI, e pode ser interessante demonstrar os visuais em programas mais amigáveis e conhecidos, como Power Point ou em um arquivo em PDF.

O Power BI permite realizar a publicação nesses dois programas, porém em ambientes diferentes, no PowerPoint só é permitido através do Power BI Web e em PDF, pelo Power BI Desktop.

Primeiro vamos fazer a conversão para PowerPoint Utilizando o Power BI Web.

Clique novamente no botão Arquivo, em seguida na opção Exportar para Power Point.

Figura 11.18

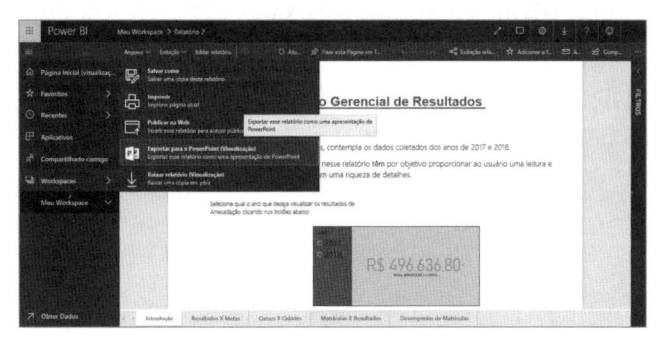

A mensagem de exportação do arquivo será exibida.

Figura 11.19

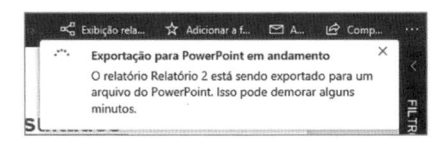

Aguarde até que o processo seja finalizado.

Na barra do navegador que você estiver usando aparecerá a opção de abrir ou salvar o arquivo em PowerPoint gerado.

FIGURA 11.20

Escolha a melhor opção no momento para você e visualize o resultado na Figura 11.21.

FIGURA 11.21

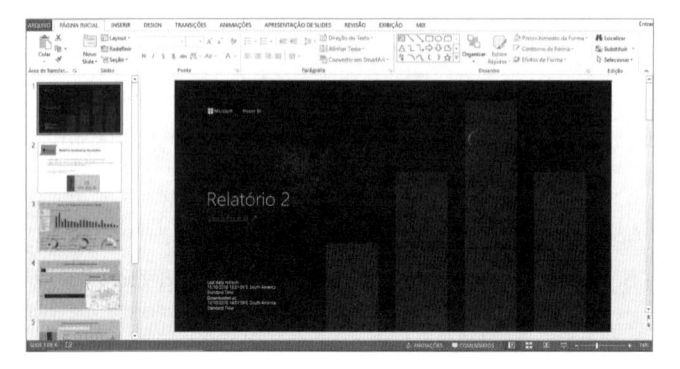

Veja que cada slide será uma página do Relatório e o que está visível será a última análise que você realizou.

Para a conversão em PDF, abra o Relatório 2 no Power BI Desktop, depois acesse a guia Arquivo e clique no botão Exportar para PDF.

FIGURA 11.22

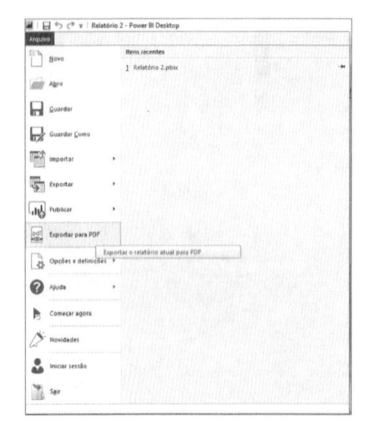

Aguarde enquanto é realizada a conversão página por página.

FIGURA 11.23

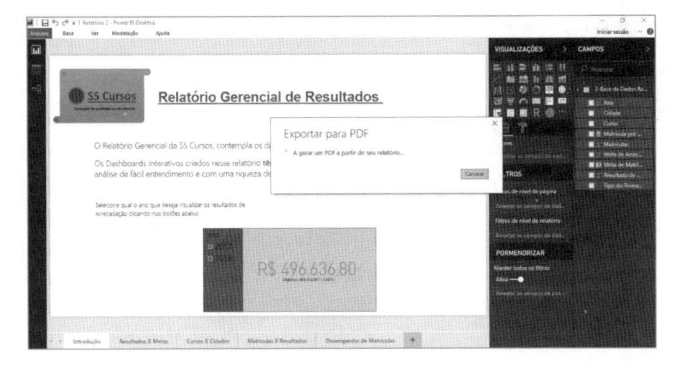

Depois o arquivo em PDF será aberto pelo principal leitor da extensão, instalado em seu computador. Salve o arquivo conforme a sua preferência.

11.3. PUBLICAÇÃO POWER BI PRO

Podemos ver no tópico anterior que é possível realizar a publicação do nosso relatório de maneira gratuita através do Power BI Web, mas também podemos constatar que esse tipo de publicação permite que outras pessoas possam verificar esse relatório na internet.

Na versão Power BI Pro, esse problema não ocorrerá, pois ele permite que você compartilhe o relatório somente com pessoas específicas, porém que também tenham o Power BI Pro.

Como vimos anteriormente, a Microsoft disponibiliza 60 dias para que você possa usar o Power BI Pro gratuitamente, depois desse período é necessário comprar um plano de licença do produto.

Caso você queira fazer o teste das opções de compartilhamento que abordaremos, aconselhamos você habilitar a versão Power BI Pro gratuita por 60 dias.

O processo de atualização é muito simples e automático.

Clique no botão de Compartilhar, como se fôssemos realizar o compartilhamento do relatório para as pessoas da equipe.

Acesse o botão Compartilhar, localizado no canto superior direito.

FIGURA 11.24

Em seguida será exibida uma mensagem solicitando a atualização do Power BI para versão Pro, para que você tenha acesso a esse recurso.

FIGURA 11.25

Clique na opção Experimente o Pro gratuitamente.

A janela da Figura 11.26 será exibida, clique em Iniciar Avaliação.

FIGURA 11.26

A mensagem de êxito será exibida e o processo de atualização da versão já estará disponível.

FIGURA 11.27

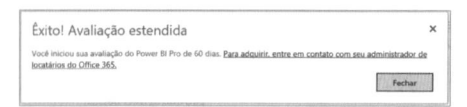

Agora que estamos com a versão Pro habilitada, clique novamente no botão Compartilhamento do Relatório 2.

Veja que será exibida uma janela na lateral esquerda (Figura 11.28) para que seja realizado o compartilhamento do Relatório.

FIGURA 11.28

Note que é apresentado um campo para que você digite os e-mails das pessoas que poderão visualizar o seu relatório e o campo abaixo para que seja digitada uma mensagem para esses usuários.

FIGURA 11.29

Abaixo duas opções serão exibidas:

- Permitir que os destinatários compartilhem seu relatório: se essa opção estiver habilitada, os usuários para quem você encaminhou o relatório poderão compartilhar também com qualquer pessoa.

- Enviar notificação por e-mail aos destinatários: para que a mensagem digitada no campo acima possa ser enviada, essa opção deverá ser marcada.

- O último item é o link do relatório que o Power BI gerou para que os usuários acessem o Relatório.

Após o preenchimento dos e-mails, clique em compartilhar e aguarde enquanto o Power BI processa o envio dos e-mails aos usuários.

Figura 11.30

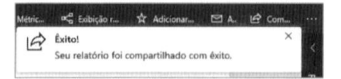

Assim como na publicação anterior, os usuários não poderão realizar nenhuma alteração no relatório, somente manipular as visualizações através das segmentações de dados aplicadas, a diferença, no entanto, é que somente os usuários para que você enviou o compartilhamento e que tenham acesso ao Power BI Pro terão a visualização desse Relatório, mantendo, assim, a privacidade dos relatórios e dados utilizados.

Figura 11.31

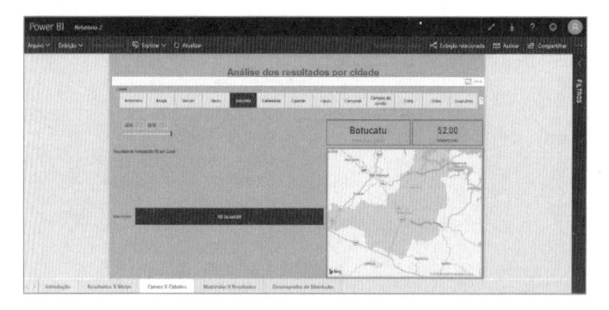

No Power BI Pro, ainda é possível compartilhar o Relatório através de um QR Code (ou Código QR) e também importar o relatório para o Excel.

No canto superior esquerdo, ao lado do botão Compartilhar, haverá uma reticência, clique nela.

Figura 11.32

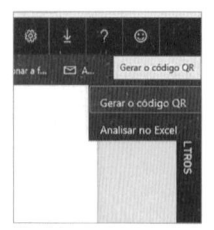

Serão exibidas duas opções, Gerar o código QR e Analisar no Excel.

Clique no botão Gerar o código QR, e começará o processo para gerar o QR Code.

FIGURA 11.33

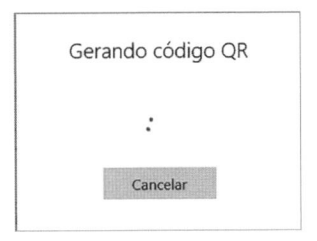

Após a finalização é apresentado o QR gerado, clique no botão para realizar o Download (Figura 11.34) e você poderá enviar também esse código junto com o e-mail de compartilhamento para que os usuários possam ter a facilidade de acessar o relatório através de um dispositivo de smartphone ou tablet, que será visualizado de acordo com a disposição dos visuais que realizamos Capítulo 8.

FIGURA 11.34

Também é possível exportar o relatório para Excel e analisar os dados.

Clique no botão "Analisar no Excel", localizado abaixo do botão do gerar o código QR.

FIGURA 11.35

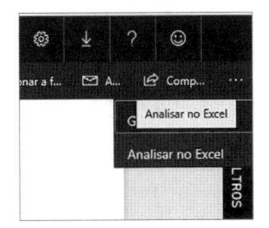

Note que será exibida uma mensagem solicitando que sejam instaladas as versões mais recentes de bibliotecas do Excel, para que se tenha acesso aos recursos.

FIGURA 11.36

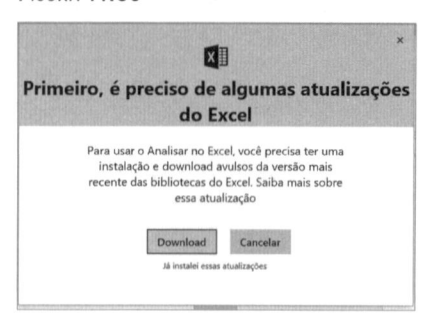

Se for de seu interesse ver essa opção, clique no botão Download e você será automaticamente redirecionado para o site da Microsoft, que realizará o download em segundo plano.

Execute o arquivo disponibilizado após o término do download.

Clique novamente no botão Analisar no Excel e será gerado um arquivo do tipo .odc que você poderá abrir no Excel e serão apresentadas as ferramentas para você prosseguir com a análise dos dados dentro do programa.

11.4. CONCLUSÃO

Nesse capítulo foram demonstradas as possibilidades de publicação dos relatórios criados no Power BI, desde o compartilhamento e acesso dos usuários finais, até mesmo a exportação para programas de apresentação como PowerPoint e leitura como PDF, além do Excel para a realização de análises para outros usuários que são mais familiarizados com o programa.

EXERCÍCIOS

1. Qual a principal diferença entre publicar um relatório criado no Power BI de maneira gratuita pela Web e pela versão Pro?
2. Utilizando o Relatório Exercício, faça a publicação do mesmo na Web para que todas as pessoas que tenham o link possam visualizar o Dashboard.
3. Exporte o relatório para uma versão em Pdf.
4. Exporte o relatório para uma versão em PowerPoint.
5. Qual a extensão do arquivo gerado para análise do relatório no Excel?

REFERÊNCIA

FRAGA, C.A. Dashboard no Microsoft Excel 2016. São Paulo: Editora SENAI, 2017.

LEME FILHO, T. BI - BUSINESS INTELLIGENCE NO EXCEL. Rio de Janeiro: Novaterra, 2010.

SILVA, N. N. Integração de Dados com PowerPivot e Excel 2010. São Paulo: Érica, 2012.

MICROSOFT Power BI. Usar o visual Matriz no Power BI Desktop. Disponível em: <https://docs.microsoft.com/pt-br/power-bi/visuals/desktop-matrix-visual>. Acesso em 2 de Julho de 2018.

MICROSOFT Power BI. Noções básicas do DAX no Power BI Desktop. Disponível em: <https://docs.microsoft.com/pt-br/power-bi/desktop-quickstart-learn-dax-basics>. Acesso em 2 de Julho de 2018.

MICROSOFT Power BI. Criar relatórios otimizados para os aplicativos de telefone do Power BI. Disponível em: <https://docs.microsoft.com/pt-br/power-bi/desktop-create-phone-report>. Acesso em 4 de Agosto de 2018.

MICROSOFT Power BI. Formatação condicional em tabelas. Disponível em: <https://docs.microsoft.com/pt-br/power-bi/desktop-conditional-table-formatting>. Acesso em 9 de Setembro de 2018.

WIKIPÉDIA. Dados. Disponível em: <https://pt.wikipedia.org/wiki/Dados>. Acesso em 17 de Junho de 2018.

MICROSOFT Power BI. Publicar por meio de Power BI Desktop. Disponível em: <https://docs.microsoft.com/pt-br/power-bi/desktop-upload-desktop-files>. Acesso em 14 de Outubro de 2018.

ÍNDICE

A

Análise de dados, 19

Análise de negócios, 14

Análises, 7, 13, 17, 19, 24, 77, 138, 149, 189, 196, 204

Área de desenho, 70, 72, 134

B

Banco de dados, 3, 4

Base de Dados, 3

BI, 13

Big Data, 17

    contexto, 17

Bing, 98

Business Intelligence, 13, 18, 19

C

Caixa de texto, 140, 142, 177, 178

Campos, 3, 32, 35, 40, 43, 51, 67, 77, 89, 99, 118, 120, 145, 147, 157, 162, 175, 179, 186

Cardinalidade, 176

    muitos-para-um, 176

    um-para-muitos, 176

    um-para-um, 176

Cartão, 109, 110, 146

    Cartão de linhas múltiplas, 109

Categorias, 52, 61, 84, 89, 94, 96

Chave Estrangeira, 175

Chave Primária, 175

Código QR, 202, 203

Colunas empilhadas, 61, 74, 77, 93

Compartilhamento, 189, 199, 200, 202, 204

Competitividade, 10

Conhecimento, 7, 9, 11, 14, 123

Consultas, 26, 41

Conversão em PDF, 198

Conversão para PowerPoint, 197

Cores, 55, 57, 62, 69, 76, 85, 89, 94, 98, 103, 112, 114, 118, 134, 178

Cortana, 127

D

Dados, 1, 6, 14, 19, 23, 30, 43, 61, 65, 70, 89, 91, 106, 116, 129, 133, 149, 173, 186

   Dados estruturados, 3

   Dados Externos, 33

   Dados não estruturados, 4

   modelos conceituais, 6

   modelos físicos, 7

   modelos lógicos, 6

Dashboards, 129, 162

Data Analysis Expressions, 155

Data Mart, 16

Data warehouse, 14, 15

DAX, 28, 155, 157, 159, 160, 182

Decisão, 13, 15, 17, 18, 139

Desempenho do negócio, 14

Destinatário, 201

Destino, 104, 192

Drill Down, 117, 119

Drill Up, 117, 119

E

Eixo X, 62, 64, 68, 81, 82

Eixo Y, 62, 68, 75, 81

Esquema de Telefone, 151

Estilo, 56, 73, 98, 136, 180

Etiqueta de dados, 69

Etiquetas, 56, 161

ETL, 15, 16

Excel, 19, 33, 35, 163, 172, 202, 203, 204

Expressões DAX, 155

Expressões de Análise de Dados, 155

Extraction Transformation Loading, 15

F

Faça uma Pergunta, 125

Ficheiro, 39

Filtros, 49, 53, 54, 104, 107, 129, 130, 139, 147, 185

   de página, 130

   de relatório, 130

Formatação, 10

Formatação condicional, 113, 114, 118

Função IF, 160

Fundo, 58, 72, 85, 142, 178

G

Gerenciais, v, 1

Gestão de informação, 14

Gráficos, 14, 26, 32, 44, 53, 60, 72, 79, 82, 91, 98, 110, 129, 135, 142, 143, 144, 158, 184

   anel, 60, 61

   Barras e Colunas 100% Empilhadas, 75

Barras e Colunas Agrupadas, 76
circular, 52, 60, 61, 62, 69, 72, 160
colunas empilhadas, 61
de anel, 142, 184
de área, 95
de barras, 61
de cascata, 184
de coluna, 129
de colunas 100% empilhadas, 184
de colunas e linhas, 91
de dispersão, 135, 148
de friso, 148
de funil, 86, 145
de linha, 89, 178
de mapas, 98
de medidor, 104
de pizza, 52
de velocímetro, 104
dispersão, 79
do friso, 94
setorial, 52
Treemap, 88
Grelha, 112
Guia modelação, 28, 65
Guias, 24, 30, 32, 156

I

Imagem, 70, 71, 72, 140, 141, 151

Importação, 11, 19, 23, 33, 139
Indicador Chave de Desempenho, 106
Indicadores, 11, 19, 68, 84, 85, 129, 177
Informação, 3, 4, 9, 10, 11, 14, 15, 17, 42, 109, 155, 160
Iniciar sessão, 191
Instalação, 19, 20, 45, 82, 122, 144
Inteligência, 10, 11, 13
Interação de dados, 49
Interface, 14, 19, 23, 24, 33, 45

J

Janela publicar, 192

K

KPI, 104, 106, 107

L

Legenda, 55, 96
Limite, 59, 72
Linguagem R, 122
Linha constante, 72, 73
Linhas de grelha, 28, 68
Link, 20, 23, 194, 195, 196, 201

M

Manipular dados, 14, 16, 196
Mapa de Árvores, 88

Mapa de manchas, 146

Mapas ArcGIS, 123, 125

Mapas de mancha, 98, 103, 178, 183

Matriz, 117, 120

Medida, 155, 182

Medidor, 143

Meu Workspace, 193, 196

Microsoft, 3, 6, 16, 20, 49, 157, 189, 192, 194, 199

Microsoft Power BI, 3

Mineração de dados, 49

Modelagem de dados, 6

Mostrar, 57, 66

Mostrar unidades, 64, 66

N
NoSQL, 17

O
OLAP, 16

P
Página duplicada, 80, 181

Páginas, 26, 32, 49, 79, 80, 130, 139, 142, 177

Painéis, 11, 19, 20, 32, 129, 149, 178

Painel de indicadores, 11

PDF, 197, 198, 199, 204

Power BI, 3, 7, 11, 24, 32, 64, 70, 98, 122, 136, 149, 160, 172, 186, 190, 200

   características, 19

   Desktop, 20

      download, 20

      instalação, 21

   guia, 24

   importação de dados, 33

   interface, 24

   na Web, 189

   Premium, 20

   Pro, 20, 189, 199

   versões, 20

Power Point, 197

Power Query, 16

Propriedades, 62

Publicação, 189, 194, 195, 197, 199, 202, 204

Q
QR Code, 202, 203

R
Regras, 13, 55, 105, 113

Relação, 9

Relacionamento, 19, 163, 174, 175, 176, 178, 186

Relacionamento de Dados, 163

Relações, 6, 26, 32, 176, 186

Relatório, 3, 16, 19, 25, 27, 32, 41, 45, 64, 119, 129, 151, 162, 186, 189, 202, 204

R Script, 122

S

Segmentação, 104, 135, 136, 137, 138, 158, 185, 186

    Segmentação de dados, 129, 135

Setorial, 51, 52

SGBD, 34

Sistema Gerenciador de Banco de Dados, 5, 34

    SGBD, 7

Smartphone, 5, 151, 152, 154, 203

SQL, 6

SUM, 157, 182

T

Tabela, 3, 10, 28, 32, 111, 163

TI, 14

Título, 57, 63, 140, 142, 145, 147, 151, 162, 183

Transformação, 3, 10, 11, 13, 15

U

Usuário, 195, 196, 201

V

Vista aérea, 100

Visual, 49, 51, 80, 89, 94, 103, 111, 119, 125, 130, 141, 158, 180

Visualização, 6, 14, 32, 52, 61, 70, 80, 92, 94, 100, 109, 122, 138, 147, 154, 159, 174, 180, 202

Este livro foi impresso nas oficinas gráficas da Editora Vozes Ltda.,
Rua Frei Luís, 100 – Petrópolis, RJ.